COUTURE D'ACCESSOIRES

en simili-cuir

Delphine Delay-Prévé

Photographe :
Meaghan Major
Agence Witty

CreaPassions
.com

Dans la même collection :

Abonnez-vous gratuitement à notre newsletter sur **creapassions.com** !

Téléchargez notre catalogue complet en scannant le QR code.

Suivez-nous sur Facebook et Instagram.

Édition : Emmanuelle Prot
Tél. : 01 78 42 26 87 / Email : eprot@creapassions.com
Graphisme / Couverture : Xavier Crauffon

Maquette : © **SOFRACECOP Prépresse**

Des sociétés du groupe PUBLICATIONS

ISBN : 978-2-8141-0461-7
Dépôt légal : novembre 2017.
Imprimé en U.E.

SOMMAIRE

Introduction p. 4

LES SACS p. 11
Le sac cabas cage à oiseaux p. 12
Le sac polochon de sport p. 18
Le sac à main Kokeshi p. 24
Le sac bandoulière pampille p. 30

LES ACCESSOIRES DE SAC p. 41
Le porte-cartes quotidien p. 42
Le porte-cartes de fidélité p. 46
Le porte-chéquier et cartes p. 50
Le porte-monnaie pop p. 54
L'étui de téléphone dépliable p. 58
L'étui de téléphone fourre-tout p. 62
L'étui à lunettes signalétique p. 66
Le compagnon p. 70

LES ACCESSOIRES DE VOYAGE p. 79
La valisette champêtre p. 80
Les étiquettes de valise p. 88
Le marque-page Paname p. 92
L'étui de passeport p. 96
La pochette à chaussures p. 100
La pochette à lingerie p. 106
L'étui pour tablette p. 110
La trousse de toilette à rabat p. 116
La lunch-box graphique p. 126
L'étui à couverts p. 134

LES ACCESSOIRES DE DÉCORATION p. 139
La guirlande de prénoms p. 140
Le mobile aux oiseaux p. 144
Le rideau de porte-fenêtre p. 150
L'oiseau marque-place p. 154

Carnets d'adresses p. 158
Remerciements p. 159

INTRODUCTION

Je ne suis pas couturière de métier. Ce livre n'a pas la prétention de vous donner une leçon, mais plutôt de vous faire part de mon expérience et de mon plaisir à coudre les matières plastiques ou « plastifiées ». Car contrairement à ce que l'on croit bien souvent, ces matières sont faciles à travailler. Il suffit de posséder le matériel adéquat, de choisir la bonne matière en fonction de l'objet et de son usage, puis d'observer les quelques recommandations, trucs et astuces donnés dans le livre pour faciliter le travail. Comme ces matières ne s'effilochent pas, elles offrent des possibilités de réalisations incroyables !

Vous verrez également au cours de ce livre que les matières plastiques se prêtent très bien à la broderie traditionnelle. Ainsi, cette dernière se modernise en s'adaptant à des support plus contemporains. Les brodeuses se verront alors ouvrir le champ des possibilités en réalisant des objets usuels du quotidien tels que des sacs à main, des porte-chéquiers, des étuis de passeport... sur des matières résistantes.

Quant aux non brodeuses, c'est le moment de vous y mettre ! Les broderies présentées sont plutôt simples et enfantines, les points sont basiques et expliqués. Toutefois, si vous êtes réfractaires à la broderie, un certain nombre d'ouvrages peuvent être réalisés sans, juste avec les appliqués. En plus, toutes les créations du livre ne sont pas brodées.

Alors à vos aiguilles... , c'est parti !

Chaque projet a un niveau de difficulté allant de 1 à 4 :

Couturière débutante : *
Couturière débrouillée : **
Couturière avertie : ***
Couturière confirmée : ****

Les tissus

Les matières dites « plastiques » utilisées dans ce livre sont :

Le simili-cuir

Il existe avec différentes couleurs, épaisseurs, souplesses et élasticité. On le trouve également avec des effets plus ou moins marqués (lisse, à paillettes, grainé, vieilli, matelassé, tressé, imprimé, effet peau d'autruche, de reptile, en faux poils...).

Évitez d'utiliser des similis trop fins et trop extensibles. Ils sont peu résistants aux frottements et à l'étirement. À déconseiller pour un sac dont les contraintes sont importantes.

Privilégiez l'utilisation de simili-cuirs très peu étirables dont l'épaisseur variera en fonction de la solidité et de la tenue que vous voulez apporter à l'objet. Une même trousse de toilette faite avec un simili-cuir souple ou rigide n'aura pas le même rendu. Les deux sont biens, c'est qu'une question de goût.

Afin de mettre en valeur vos appliqués et vos broderies, optez pour un support en simili-cuirs unis et justes grainés.

Le simili-cuir est idéal pour les appliqués. Sauf s'il est trop fin ou étirable, il ne nécessite pas d'entoilage.

Le coton enduit

Il s'agit d'une toile de coton dont l'endroit est recouvert d'une couche de polyuréthane. C'est un tissu fin, solide et non extensible. Cette matière se prête à tout type d'ouvrage y compris les sacs, objets soumis à de fortes contraintes. Souple et imperméable, ce tissu est également idéal pour doubler des sacs susceptibles d'accueillir des choses humides (sac de piscine) ou sales (sac pour le marché).

Souvent à motifs, le coton enduit permet de la fantaisie dans les appliqués. Parfois fin, il nécessite d'être entoilé avant son application.

La toile cirée

C'est un décor sur toile imperméable collé sur une toile non tissée. De fait, la toile cirée se déchire sous la tension et la couche extérieure se décolle si trop de friction. Privilégiez l'utilisation de la toile cirée pour des créations soumises à peu de contraintes comme des objets décoratifs et/ou non nomades (ici rideau de porte, mobile, guirlande...). Dans ce cas, la toile cirée offre l'immense avantage d'être peu onéreuse, facile à trouver (même en grande surface...) et d'un vaste choix.

Le plastique cristal

Il s'agit d'un plastique transparent dont il existe plusieurs épaisseurs dans le commerce. Comme tous les plastiques, il se déchire et doit être soumis par conséquent à peu de contrainte d'étirement. Utilisé dans le livre pour faire des poches afin d'accueillir carte, téléphone, tablette... Face à un appareil, il préserve ses fonctions tactiles. S'il est froissé, le plastique cristal se repasse en intercalant un linge entre lui et la semelle du fer.

Le PVC

C'est une couche de vinyle collée sur une toile légèrement extensible. C'est un tissu relativement fin, glissant, plombant et souple. S'adapte à tout type de création mais nécessite d'être doublé pour une meilleure tenue. Du fait de son extensibilité, même légère, ne pas hésiter à entoiler la partie qui servirait de support à l'appliqué. Utilisée dans le livre pour doubler l'étui de passeport, le porte chéquier, puis pour l'extérieur de la pochette à lingerie ou encore pour des pièces à appliquer.

La toile outdoor

Il s'agit d'une toile déperlante, fine et « craquante », non extensible, raide mais souple qui s'effiloche un peu. Elle est solide et résistante aux contraintes d'étirement. Elle est compatible avec tout type de création. La doubler pour une meilleure tenue. Le sac polochon est réalisé dans cette matière.

L'utilisation des matières « plastiques » ou plastifiées reste largement dominante dans ce livre. Toutefois, du fait de leur souplesse et de leur grand éventail de choix, les cotons sont aussi utilisés pour les doublures et les appliqués.

Le matériel spécifique à la couture de ces tissus

C'est comme pour tout bricolage : pour faire du bon travail, il faut de bons outils...

Le pied de biche

Lorsque l'on coud des matières plastiques avec un pied de biche classique, le tissu adhère au pied et l'entraînement du tissu ne peut se faire. Du coup, la couture est irrégulière et inesthétique... Il faut l'enlever mais une fois piqué, le tissu est marqué...

Inutile de mettre du scotch sous votre pied de biche classique, pour avoir essayé, ça ne marche pas ou si peu... Quant au papier de soie à intercaler entre votre ouvrage et le pied, on ne voit pas où on pique et il vous faudra user de la pince à épiler pour enlever le papier prisonnier de la couture !

Afin d'éviter de vous dégoûter, la solution, c'est le pied en téflon. Idéalement, il en faudrait deux : un pour le point droit et un pour poser les fermetures Éclair.

Les aiguilles

Des aiguilles de machine spéciales « cuir ».

Les épingles

Une fois piqué, le tissu marque. Pour éviter cela vous pouvez utiliser des petites pinces en plastique que l'on trouve en mercerie. Si vous n'en avez pas, vous pouvez toujours utiliser des trombones. L'agrafeuse de bureau, dans la marge de couture, pourra également être utilisée si les épaisseurs à épingler sont trop importantes.

Les techniques

Les appliqués

Voici la technique utilisée pour réaliser les appliqués sur matières « plastiques ».

1

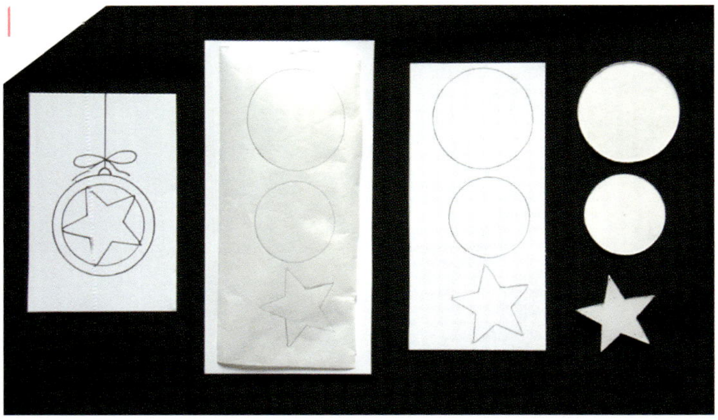

2

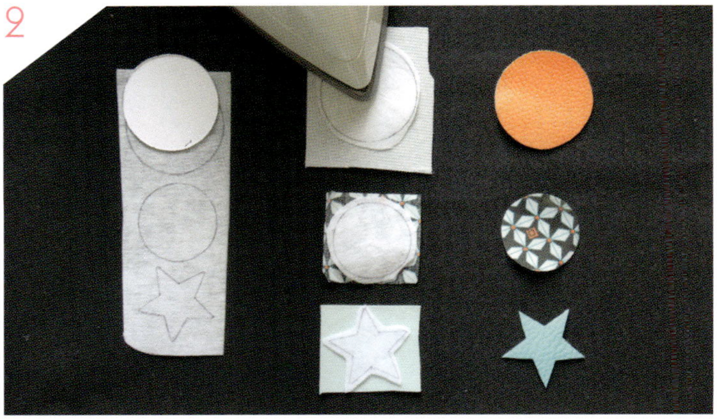

3

4

1 Décalquez chaque pièce à appliquer. Reproduisez-les sur de la cartonnette (papier un peu épais). Découpez ainsi vos gabarits. (Photo 1)

2 Avec le gabarit, reproduisez chaque pièce sur l'entoilage thermocollant. Découpez grossièrement. Fixez la pièce d'entoilage au fer doux, au dos du tissu « plastique ». Découpez la pièce entoilée. (Photo 2) Si la pièce ne nécessite pas d'entoilage, reportez le gabarit directement au dos du tissu.

3 Pour éviter que la pièce ne bouge pendant la couture, fixez-la avec de la colle si elle est petite, ou avec du ruban peu adhésif si elle est plus grande. Piquez les pièces sur le support à l'aide d'un point droit à 1-2 mm du bord en suivant une logique d'empilement : d'abord la pièce la plus en dessous puis celle du dessus, et ainsi de suite. (Photo 3)

Dans tous les cas, n'hésitez pas à lever souvent le pied de biche pendant la couture afin de rester proche des bords.

Pour le cas où il y ait des pièces en coton, appliquez-les au point de bourdon serré et étroit. Le réglage étant spécifique à chaque machine, faites des essais pour trouver le votre.

4 Si le motif à appliquer est composé de mélanges de cotons, de tissus « plastiques » et de broderies (Kokeshi et fleurs), confectionnez un écusson du motif selon la logique d'empilement. Appliquez alors ce « patch » au point droit ou au point de bourdon selon la nature des contours du patch. (Photo 4)

La broderie

Toutes les matières plastiques utilisées dans ce livre se brodent, et ce avec du fil de mouliné de coton DMC dont on utilise 1 ou 2 brins.

La broderie sur matière « plastique » n'est pas très différente de la broderie sur support traditionnel.

Les petites différences sont les suivantes :

1 Pour reproduire les dessins, le calque, le carbone ou la transparence ne sont pas efficaces. Vous devrez laisser libre cours à votre trait de crayon en vous inspirant du modèle donné. Les dessins sont simples et faciles à interpréter. Pour cela, il est conseillé d'utiliser les crayons à encre effaçable à l'eau ou par frottement que l'on trouve dans le commerce. Le porte-mine de craie fine est bien aussi. Dans tous les cas, il faut repasser souvent sur le trait, il tend à s'effacer au contact des doigts.
Si toutefois il vous fallait des traits précis, décalquez le dessin sur du papier patron. Fixez ce papier bien tendu sur le support avec du scotch, puis brodez avec le papier. La broderie terminée, déchirez délicatement le papier. (Photo 5)

5

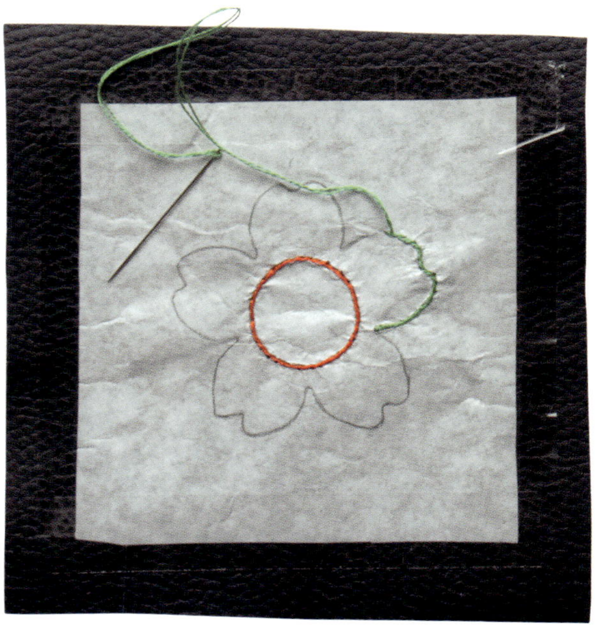

2 Ne cherchez pas à transpercer totalement le « plastique » avec l'aiguille, et ce d'autant plus que le support est épais.

3 Utilisez de petites aiguillée (30 cm). Le frottement répété du fil sur les matières « plastiques » tend à l'user prématurément.

Leçon de point

L'ensemble des points de broderie utilisés dans cet ouvrage sont expliqués ici :

Point Avant

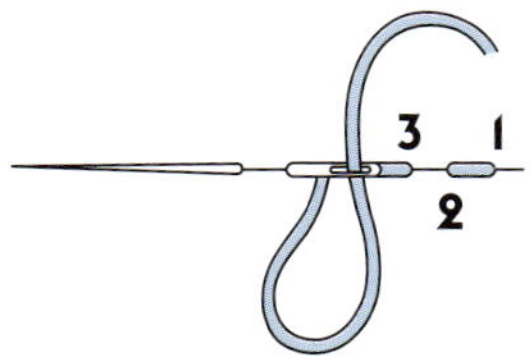

Sortez l'aiguille en 1, piquez en 2 puis ressortez en 3 etc.

Point de tige

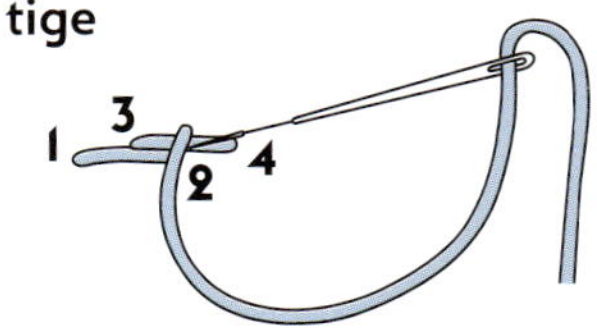

Sortez l'aiguille en 1, piquez en 2 sur le tracé. Ressortez l'aiguille en 3 au milieu de 1 et 2. Piquez l'aiguille en 4 puis ressortez entre 3 et 4 etc.

Point de chaînette

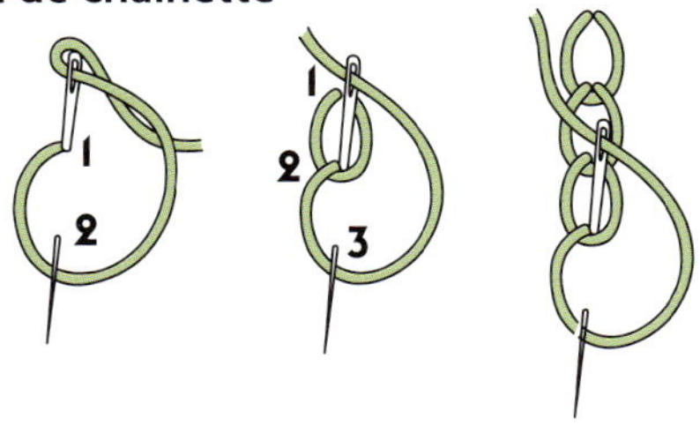

Sortez l'aiguille en 1. Formez une boucle avec le fil puis piquez en 1 pour ressortir en 2, l'aiguille par-dessus le fil. Repiquez en 2 etc.

Point de feston fermé

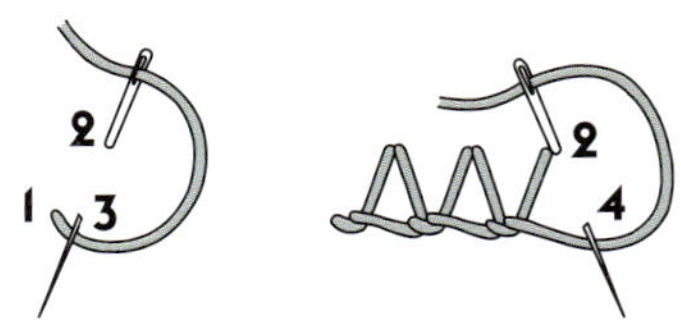

Sortez l'aiguille en 1. Piquez en 2 et sortez en 3 en faisant passer la pointe de l'aiguille par dessus le fil. Repiquez en 2 puis sortez en 4 en faisant de nouveau passer la pointe de l'aiguille par dessus le fils etc.

Point d'épine

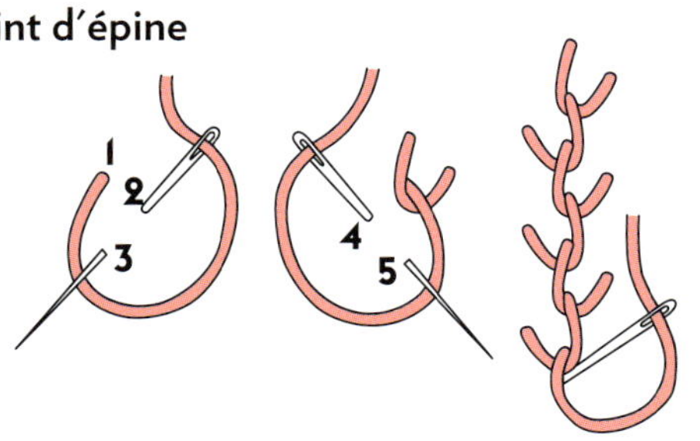

Sortez l'aiguille en 1. Formez une boucle vers la droite avec le fil puis piquez en 2 pour ressortir en 3, la pointe de l'aiguille par-dessus le fil. Formez une boucle vers la gauche avec le fil puis piquez en 4 pour ressortir en 5, la pointe de l'aiguille par dessus le fil etc.

Point de bouclette

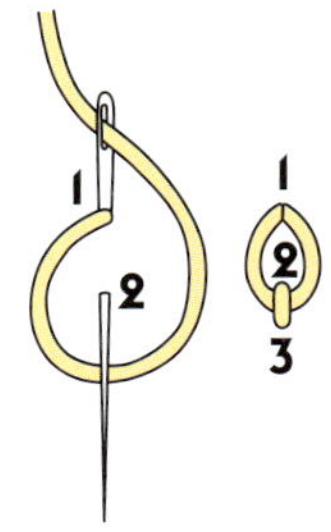

Sortez l'aiguille en 1. Faites une boucle avec le fi puis repiquez en 1 pour ressortir en 2 en faisant passer la pointe de l'aiguille par-dessus le fil. Piquez en 3 proche de 2 en emprisonnant le fil.

Point de poste

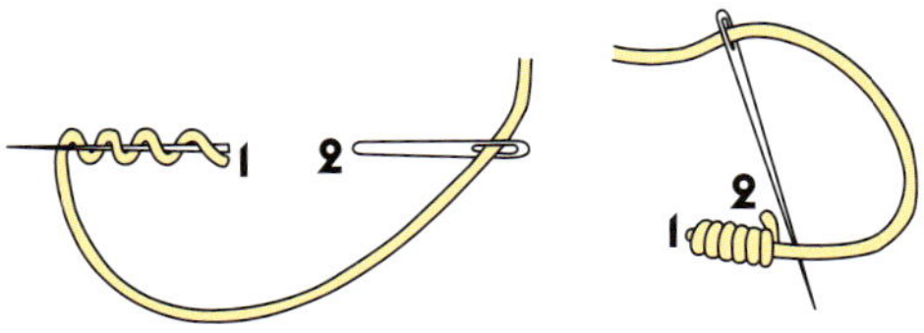

Sortez l'aiguille en 1. Piquez en 2 et ressortez à moitié l'aiguille en 1. Enroulez le fil autour de l'aiguille (Vous ferez d'autant plus de tours que le point est long). Tirez sur l'aiguille en faisant coulisser les spirales le long de l'aiguille puis du fil et repiquez en 2.

Point droit

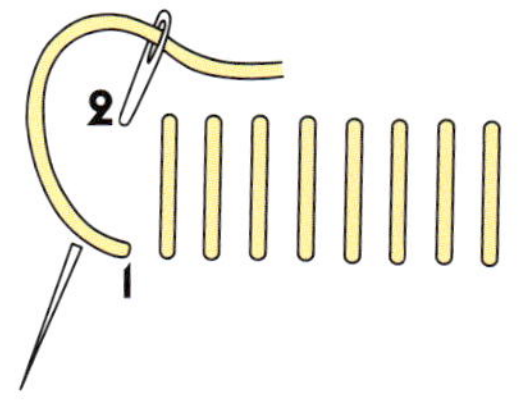

Sortez l'aiguille en 1 et piquez en 2 etc.

Point de nœud

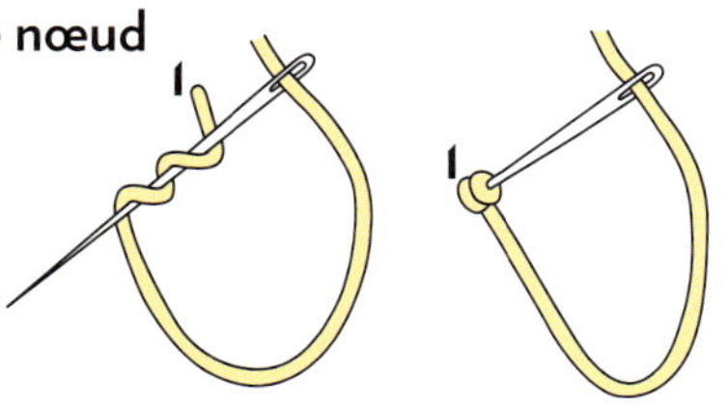

Sortez l'aiguille en 1. Enroulez le fil deux fois autour de l'aiguille puis repiquez proche de 1 en maintenant les spirales proches du tissu.

Point de couchure

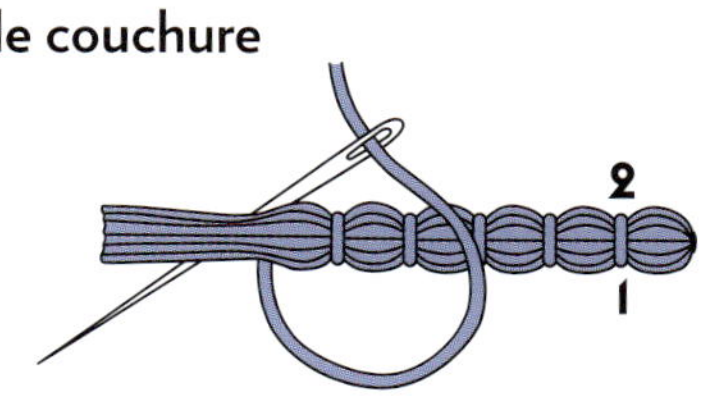

Faites sortir les fils de bases et maintenez-les sur le tracé. Sortez le fil de maintient en 1, sous les fils de base, puis piquez en 2, juste en face etc.

Biais et passepoils

Le biais comme le passepoil est une bande de tissu coupée dans le biais. Pliée d'une certaine façon, c'est un biais, un cordon cousu à l'intérieur, c'est un passepoil.

Une bande de biais se fabrique dans un carré de tissu dont la longueur du côté est fonction de la longueur finale souhaitée et de sa largeur. Dans toutes les explications des projets, la longueur du côté du carré est donnée.

1

2

3

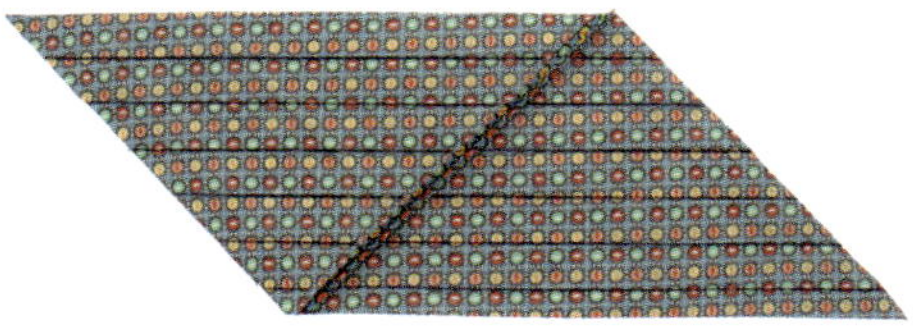

4

5

6

Les étapes de confection sont les suivantes :

1 Tracez puis coupez le carré de tissu de la longueur donnée.

2 Tracez la diagonale puis coupez-la. (Photo 1)

3 Épinglez ces deux triangles puis piquez à 0,5 cm du bord. Ouvrez la couture au fer. (Photo 2)

4 Tracez des lignes parallèles sur le grand côté, de la largeur indiquée. (Photo 3)

5 Joignez les deux extrémités en faisant coïncider les lignes avec un décalage de une. Piquez à 0,5 cm du bord. (Photo 4)

6 Il n'y a plus qu'à découper sur les traits pour obtenir une bande de biais. (Photo 5)

7 Pour un passepoil, glissez un cordon dans le biais plié en deux puis piquez avec le pied spécial fermeture Éclair (Photo 6).

8 Pour un biais, repérez le milieu du biais en le pliant dans la longueur. Ramenez les deux bords vers le pli du milieu. Repassez. Pliez en deux. Repassez.

Les étiquettes décoratives

Elles sont souvent présentes dans les créations, soit simples, soit tamponnées.

Pour les étiquettes tamponnées

7
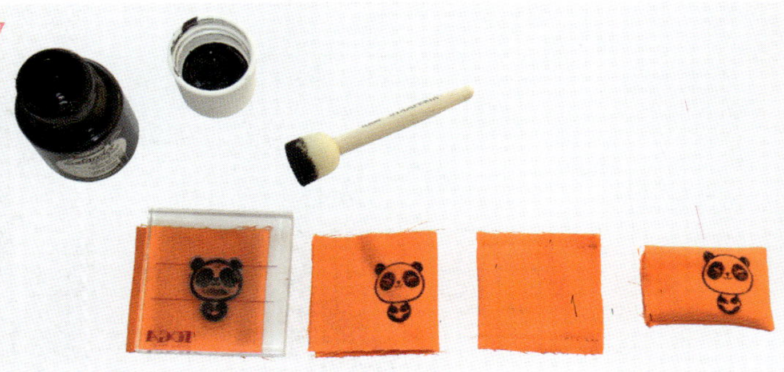

Rassemblez le matériel nécessaire, soit tissu, tampon, brosse à pocher et peinture textile. Avec la brosse à pocher, enduisez le tampon de peinture textile. Tamponnez le tissu puis fixez au fer en suivant les explications du fabriquant. Pliez votre tissu endroit contre endroit puis piquez les côtés. Retournez. C'est prêt ! (Photo 7)

Pour les étiquettes décoratives toutes simples, contentez-vous d'un joli morceau de tissu que vous piquerez comme les autres.

Fermeture invisible

8

Pour fermer vos doublures de sac, de trousses, d'étuis... de manière totalement invisible, il faut le faire à la main, à points glissés. (Photo 8)

Piquez très proche des bords du tissu, légèrement à l'intérieur du rentré, sans sortir sur l'extérieur.

Utilisez un fil de la couleur de votre tissu ou du fond s'il est à motifs.

Plus les points seront petits, plus le travail sera discret.

LES SACS

LE SAC CABAS
cage à oiseaux

Entièrement doublé de coton enduit, ce sac cabas à l'allure printanière, sera idéal pour y transporter les fruits de la cueillette ou les courses du marché. Un coup d'éponge et le sac est propre ! Il sera parfait également pour les sorties piscine.

LES FOURNITURES :

- Un coupon de 140 x 70 cm de simili-cuir argent (l'extérieur)
- Un coupon de 140 x 50 cm de coton enduit bleu (l'intérieur, le biais, les papillons)
- Des chutes de simili cuir bleu, orange et noir (le décor)
- Des fils de moulinés orange (DMC 947), bleu (DMC 3845), noir (DMC 310) et marron (DMC 3371) (la broderie)
- Un rectangle de 35 x 16 cm de Rhodoïd (rigidifier le fond)
- Un coupon de 37 x 35 cm de coton épais (le fond)
- Une petite chute d'entoilage de type Vlieseline H250

Avant de commencer...

Rajoutez 1 cm de marge de couture aux endroits mentionnés sur le patron.

Les appliqués sont à reproduire à la taille figurant sur le patron.

Les explications concernant la broderie figurent également sur la planche patron.

DIFFICULTÉ :
**
Planche : **RECTO**
Patron : **VERT**

COMMENT FAIRE ?

1 COUPE DES PIÈCES DE TISSUS

Coupez les trois pièces de simili argent et les cinq pièces de coton enduit en rajoutant 1 cm de marge de couture aux endroits mentionnés sur le patron. (Photo 1)

2 FABRICATION DU PASSEPOIL

Fabriquez 2,67 cm de biais dans le coton enduit bleu, ceci dans un carré de 33 cm de côté, pour une largeur de biais de 3,5cm (voir « comment fabriquer un biais » page 9).

3 RÉALISATION DU DÉCOR DE LA FACE AVANT

Réalisez un gabarit de la cage dans de la cartonnette. (Photo 2)
Positionnez ce gabarit au centre de la face avant en simili, à environ 8 cm du bord supérieur. Tracez les contours au crayon à encre effaçable. Tracez également le barreau vertical central ainsi que les trois barreaux horizontaux.
Fabriquez les gabarits du socle et du sommet de la cage, des deux oiseaux et de leurs ailes, du papillon et de son corps. Ceci dans de la cartonnette. (Photo 3)
Reproduisez-les sur de l'entoilage, découpez les et fixez-les au fer sur les différentes chutes de coton enduit et de simili. Découpez. (Photo 4)
Fixez les oiseaux, le socle et le sommet de la cage aux endroits prévus avec du papier peu adhésif (Photo 5), puis cousez très près des bords. (Photo 6)

1

2

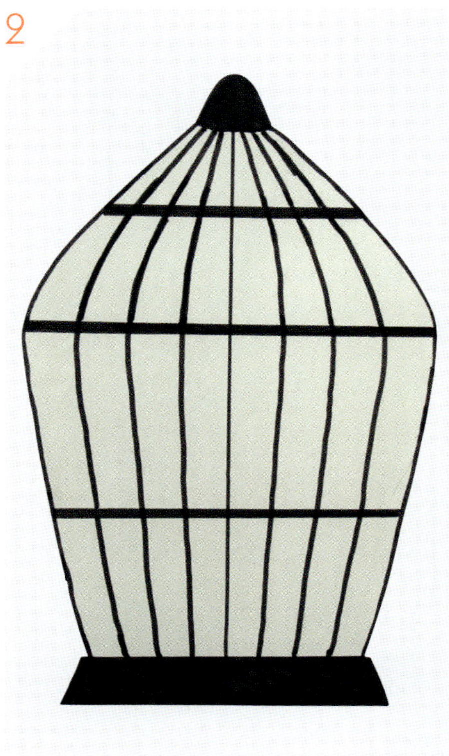

3

4

5

6

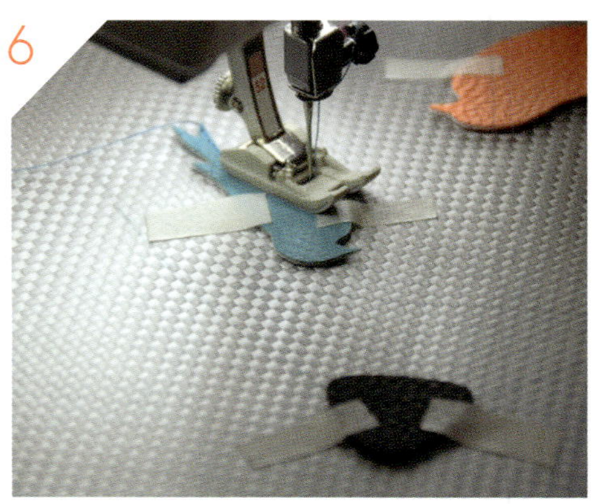

7

8

Brodez les barreaux horizontaux et les contours de la cage avec deux rangs de point de chaînette noirs, avec deux fils de mouliné. (Photo 7) (voir « Leçon de points » page 8)

Fixez l'aile des oiseaux avec du papier peu adhésif, puis cousez-les très près du bord.

Dessinez les barreaux verticaux au crayon à encre effaçable (photo 8).

Brodez-les avec un rang de point de chaînette et deux fils noirs.

Brodez la patte des oiseaux au point de tige avec un fil marron. Brodez l'anneau au point de tige avec deux fils noirs.

Brodez la suspente avec deux rangs de point de chaînette. Faites un rang avec un fil orange, un rang avec un fil bleu. (Photo 9)

Fixez les papillons avec du papier peu adhésif puis cousez-les très près des bords. Faites de même avec les corps des papillons. (Photo 10)

Tracez les volutes au crayon à encre effaçable et brodez-les au point avant avec deux fils de mouliné, bleu pour l'un, orange pour l'autre. (Photo 11)

9

10

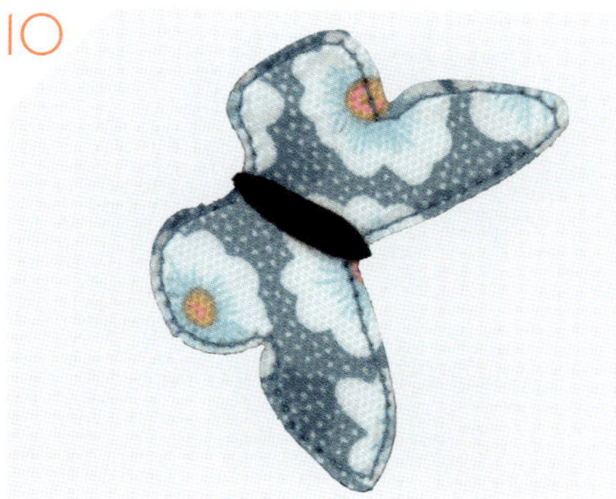

11

4 RÉALISATION DU DÉCOR DE LA FACE ARRIÈRE

Positionnez les papillons et fixez-les avec du papier peu adhésif. (Photo 12)
Cousez très près des bords. Faites de même avec le corps des papillons.
Dessinez les volutes au crayon à encre effaçable puis brodez-les au point avant, avec deux fils. Faites une volute bleue, une volute orange et une volute noire. (Photo 13)

5 ASSEMBLAGE DE L'EXTÉRIEUR DU SAC

Épinglez, en faisant correspondre les milieux de chaque pièce, la face avant avec le fond du sac, endroit contre endroit. Faites de même avec la face arrière et le fond du sac. Piquez. (Photo 14)
Épinglez les côtés en insérant une étiquette décorative si vous le souhaitez, puis piquez. (Photo 15)
Épinglez les anses endroit contre endroit puis piquez. (Photo 16)
Mettez le sac sur l'endroit. Aplatissez les coutures latérales et les coutures des anses en répartissant le surplus de couture de part et d'autre de la couture initiale. Piquez à 0,5 cm de part et d'autre de la couture initiale. (Photo 17)

6 PRÉPARATION DU FOND SEMI-RIGIDE

Coupez la pièce du fond dans le Rhodoïd. (Photo 18)
Prenez-la en sandwich dans la chute de coton épais, envers contre envers. Piquez le long (Photo 19)
Coupez l'excédent de tissu et surfilez au point zig-zag. (Photo 20)
Fixez le fond à l'intérieur du sac en simili à l'aide de petits points à la main dans l'excédent de couture. (Photo 21)

12

13

14
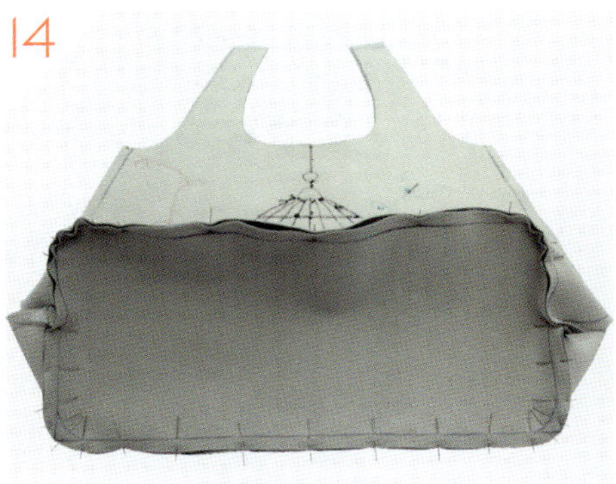

15
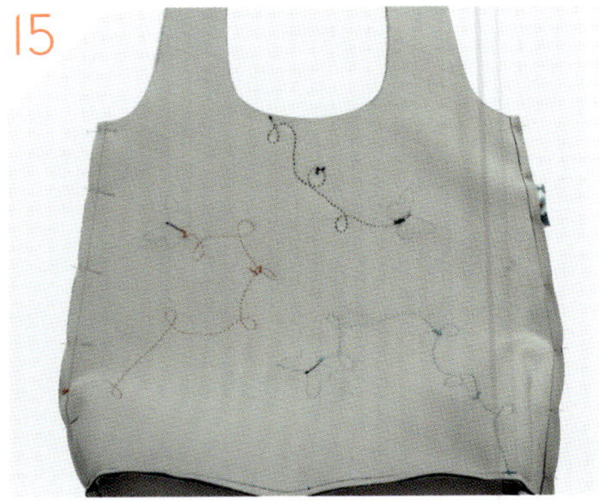

16
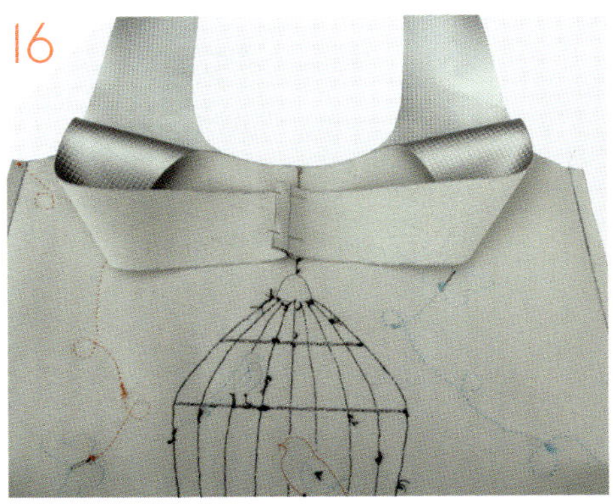

17

18

19

20

21
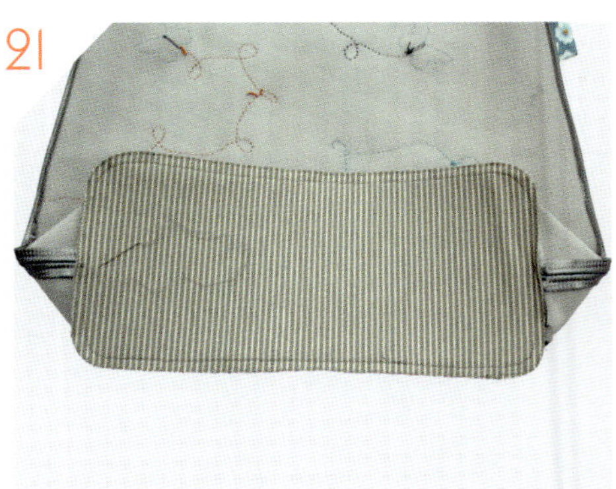

22

23

24

25

7 ASSEMBLAGE DE L'INTÉRIEUR DU SAC

Faites avec la doublure comme à l'étape 5. (Photo 22)

8 ASSEMBLAGE DE LA DOUBLURE ET DE L'EXTÉRIEUR DU SAC

Mettez l'intérieur du sac dans la doublure, envers contre envers. Faites correspondre les coutures. Épinglez les anses et le haut du sac. Piquez à 2-3 mm du bord pour solidariser les deux parties. (Photo 23)

9 MONTAGE DU BIAIS

Épinglez le biais sur le pourtour des anses, endroit contre endroit. (Photo 24)
Pour une belle jonction, coupez 1,5 cm de plus qu'il ne faut de biais, faites un rentré sur cette extrémité la plus longue et faites passer l'autre extrémité par-dessus. Cousez à environ 0,5 cm du bord. Réalisez cette étape trois fois à l'intérieur des deux anses et sur le pourtour extérieur des anses.
Rabattez le biais par-dessus le bord des anses. Faites un rentré et faufilez. (Photo 25)
Piquez à 1-2 mm du bord du biais.

LE SAC POLOCHON *de sport*

Avec sa forme très tendance et ses trois poches, ce sac est impeccable pour aller faire du sport. En toile « outdoor » déperlante, souple et légère, il se range facilement une fois vide.

LES FOURNITURES :

- Un coupon de 120 x 60 cm de tissu enduit ou tissu déperlant vert (l'extérieur du sac)
- Un coupon de 140 x 60 cm de tissu déperlant gris (les anses et les poches extérieures)
- Un coupon de 25 x 50 cm de tissu déperlant rose (le passepoil, la doublure d'une poche et les tirettes)
- Un coupon de 140 x 80 cm de coton fantaisie (la doublure intérieure, la doublure des poches latérales, la poche appliqué)
- Une fermeture Éclair de 60 cm
- Une chute de simili-cuir uni (l'appliqué)
- 1, 65 cm de cordelette (le passepoil)
- Une chute de 21 x 22 cm d'entoilage de type Vlieseline H250

Avant de commencer...

Seuls les cercles latéraux, les poches latérales et la figurine figurent sur le patron. Ils sont à reproduire sans marge de couture.

Ne figurent pas sur la planche patron mais veuillez les reproduire à la taille donnée :

- Dans le tissu déperlant vert : un rectangle de 82 x 55 cm.
- Dans le coton fantaisie : un rectangle de 82 x 55 cm, une poche de 21 x 22 cm.
- Dans le tissu déperlant gris : les anses de 2 x (125 x 12 cm).
- Dans le tissu déperlant rose : une poche de 21 x 22 cm, un carré de 24 cm de côté pour le passepoil.

DIFFICULTÉ :
***

Planche : **RECTO**
Patron : **TURQUOISE**

COMMENT FAIRE ?

1 COUPE

Coupez de l'ensemble des pièces du sac (Photo 1)

2 FABRICATION DU PASSEPOIL

Fabriquez le biais pour le passepoil dans un carré de 24 cm de tissu déperlant rose. Le biais sera large de 2,6 cm (voir « comment fabriquer un passepoil » page 9).

3 FABRICATION DE LA POCHE DÉCORÉE

Reproduisez la silhouette sur la partie non collante de l'entoilage. (Photo 2)

Fixez au fer au dos de la pièce en simili. Découpez. (Photo 3)

Fixez la silhouette avec du papier peu adhésif sur la poche en coton qui a été préalablement entoilée. (Photo 4)

Cousez au point droit sur le bord de la silhouette (photo 5).

Superposez, endroit contre endroit, la poche ainsi faites avec la doublure. (Photo 6)

Cousez le haut, puis le bas de la poche. Mettez sur l'endroit. Faites une surpiqûre à 2 mm du bord supérieur. (Photo 7)

Posez la poche sur le rectangle de tissu déperlant, à 6 cm du bord du petit côté, et au milieu. Piquez le bas de la poche. (Photo 8)

1

2

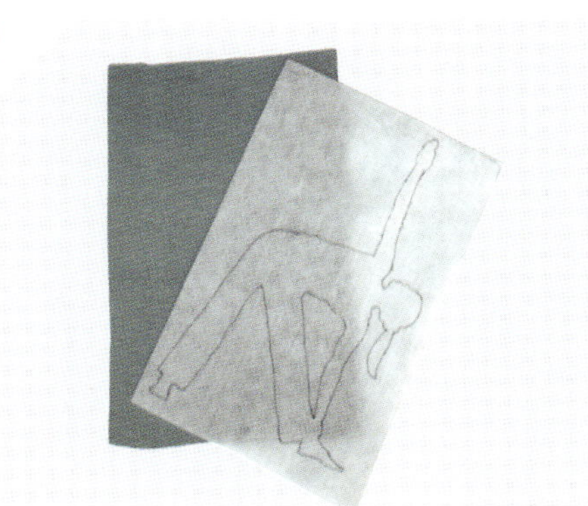

3

4

5

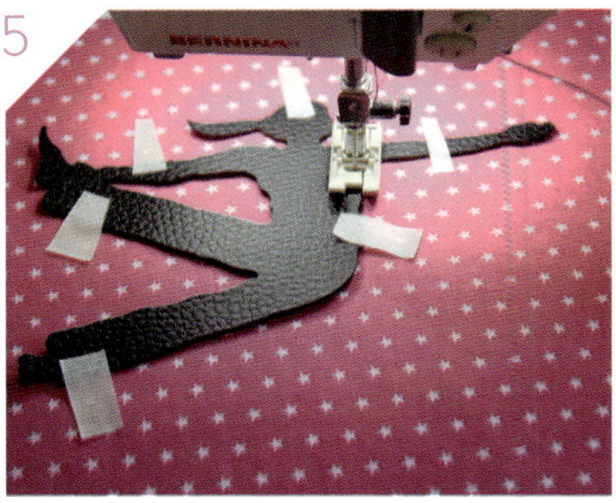

6

7

8

9

10

11

12

13

4 PRÉPARATION DES ANSES

Assemblez les deux parties des anses afin d'obtenir un seul ruban d'un peu moins de 150 cm de long. Pliez ce ruban en deux, dans la longueur, endroit contre endroit, puis piquez à 1 cm de façon à ce que les anses aient 5 cm de large. Retournez ce ruban sur l'endroit. Faites une surpiqûre décorative à 2 mm des bords.

Épinglez les anses sur le rectangle de tissu déperlant à 15,5 cm des grands côtés. Faites en sorte que les deux extrémités se rejoignent au milieu du grand côté. (Photo 9)

Faites un rentré sur la partie supérieure de la anse qui chevauche l'extrémité inférieure. Attention à ce que les deux anses aient la même longueur.

Piquez de part et d'autre des anses en vous arrêtant à 6 cm du bord. Là, renforcez les coutures par un rectangle barré. (Photo 10)

5 POSE DE LA FERMETURE ÉCLAIR

Prenez en sandwich le haut de la fermeture Éclair entre le rectangle de tissu déperlant au-dessus, et le rectangle de doublure en dessous, endroit contre endroit. (Photo 11)

Piquez à l'aide du pied spécial fermeture Éclair. Démarrez et stoppez à 1 cm des bords. Retournez. Faites une surpiqûre sur l'endroit, le long de la fermeture Éclair. (Photo 12)

Faites de même avec l'autre partie de la fermeture Éclair. (Photo 13)

6 ASSEMBLAGE DE LA DOUBLURE DU SAC

Épinglez le cercle de doublure sur la doublure du corps du sac, endroit contre endroit. (Photo 14)

Piquez. Faites de même avec le deuxième côté mais en laissant une ouverture pour pouvoir retourner plus tard.

7 PRÉPARATION DES CÔTÉS DU SAC

Superposez, endroit contre endroit, les deux demi-cercles des poches (Photo 15)

Piquez le long du bord droit. Retournez sur l'endroit. Faites une surpiqûre décorative à 2 mm du bord. (Photo 16)

Épinglez cette poche sur le cercle de tissu déperlant, envers contre endroit. Piquez sur l'endroit, proche du bord, de façon à solidariser les deux morceaux.

Cousez le passepoil sur le pourtour du cercle, sur l'endroit. (Photo 17)

Pour une belle jonction des extrémités du passepoil, coupez-en 1,5 cm de plus qu'il n'en faut. Ouvrez le biais sur l'extrémité la plus longue et coupez le cordon de façon à ce que les cordons des deux extrémités soient bien ajustés et ne se chevauchent pas. Faites un rentré sur le biais et enchâssez l'autre extrémité.

Faites de même avec l'autre cercle.

8 PRÉPARATION ET FIXATION DES « TIRETTES »

Préparez deux rectangles de 5 x 8 cm dans le tissu déperlant rose. Pliez-les en deux, endroit contre endroit. Cousez le long des extrémités de façon à avoir une tirette de 3 cm de large. Passez-les sur l'endroit.

Fixez ces tirettes aux extrémités de la fermeture Éclair, sur l'endroit. (Photo 18)

14

15

16

17

18

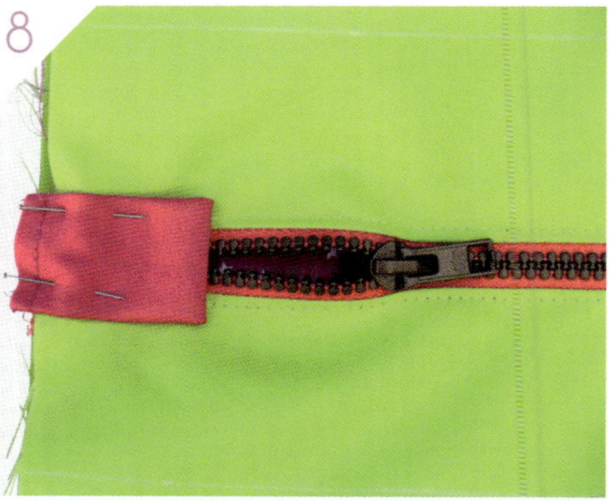

19

9 ASSEMBLAGE DES CÔTÉS AU CORPS DU SAC

Épingler le cercle au corps du sac en tissu déperlant, endroit contre endroit. Faites attention à l'orientation de la poche. (Photo 19)

Piquez à l'aide du pied spécial fermeture Éclair. Faites de même avec l'autre côté.

Retournez sur l'endroit par l'orifice laissé dans la doublure.

Refermez la doublure du sac à la main, à points glissés.

LE SAC À MAIN *Kokeshi*

Pour les petites filles qui veulent imiter leur maman, voici un sac que l'on peut porter à la main, aussi élégant des deux côtés. Avec sa poche extérieure et sa poche intérieure à soufflets, il est bien aussi raffiné que celui de maman. D'ailleurs, pourquoi ne pas le faire pour elle ?

LES FOURNITURES :

- Un coupon de 105 x 30 cm de simili-cuir vert (la face avant, la bande latérale)
- Un coupon de 55 x 30 cm de simili-cuir prune (la poche avant, la face arrière)
- Un coupon de 130 x 30 cm de coton chamarré (la doublure du sac, de la poche avant, de la poche intérieure)
- Un coupon de 27 x 27 cm de coton (le passepoil)
- 2,10 m de cordon pour passepoil
- Des chutes de simili et de coton (les décors)
- Des fils de mouliné pour la broderie (blanc, rose pale DMC 3713, rose fuchsia DMC 600 et noir DMC 310)
- Des chutes d'entoilage de type Vlieseline H250
- 76 cm de sangle de 3 cm de large

Avant de commencer...

Rajoutez 1 cm de marge de couture aux éléments figurant sur le patron.

Seule la poche intérieure à soufflets ne figure pas sur la planche patron. Veuillez la reproduire à la dimension suivante : 14 x 28 cm.

Les appliqués sont à reproduire à la taille figurant sur le patron.

Les explications concernant la broderie sont sur la planche patron.

DIFFICULTÉ :
**

Planche : **VERSO**
Patron : **VERT**

COMMENT FAIRE ?

1 COUPE DES PIÈCES DE TISSUS

Coupez les deux pièces dans le simili-cuir vert, les deux pièces dans le simili-cuir prune, les cinq pièces dans la doublure. (Photo 1)

2 FABRICATION DU PASSEPOIL

Fabriquez 2,10 m de passepoil dans un carré de coton de 27 cm de côté, pour une largeur de biais de 3 cm (voir « comment faire un passepoil » page 9).

3 RÉALISATION DU DÉCOR DE LA FACE AVANT

Reproduisez les différentes parties de la Kokeshi sur le côté non adhésif de l'entoilage. Découpez-les grossièrement et fixez-les au fer sur chacune des pièces de coton (visage et vètements) et de simili (cheveux et fleur). Découpez chaque pièce en suivant les contours. Reproduisez les parties du visage à l'aide d'un crayon à encre effaçable. Brodez en suivant les explications du patron.

Sur la partie adhésive de l'entoilage, reproduisez les contours de la silhouette de la Kokeshi. Découpez-la en laissant une marge de façon à y voir le tracé. (Photo 2)

Posez les différentes parties de la kokeshi sur la silhouette adhésive selon une logique d'empilement.

Fixez à l'aide du fer à repasser (photo 3). Coupez les parties de la silhouette qui dépassent. Fixez la Kokeshi ainsi obtenue sur la poche en simili prune à l'aide de ruban peu adhésif. (Photo 4)

Cousez les cheveux au point avant, à 1-2 mm des contours. Cousez ensuite au point zig-zag serré le visage, puis le kimono en allant du haut vers le bas.

(Photo 5)

1

2

3

4

5

Fixez la fleur dans les cheveux à l'aide de ruban peu adhésif, puis cousez-la au point droit, du centre vers l'extrémité des pétales.

Reproduisez les volutes ainsi que les fleurs au crayon à encre effaçable, puis brodez-les en suivant les explications du patron (photo 6).

6

7

8

9

10

11

12

13

4 RÉALISATION DU DÉCOR DE LA FACE ARRIÈRE

Reproduisez les quatre fleurs sur la partie non adhésive de l'entoilage. Découpez-les grossièrement puis fixez-les au fer sur les différents coloris de simili. Découpez minutieusement les fleurs en suivant les contours.

Immobilisez les fleurs sur la face arrière en simili prune à l'aide du ruban peu adhésif, aux emplacements indiqués sur le patron. (Photo 7)

Cousez-les du centre vers l'extérieur de chaque pétale.

Reproduisez les volutes au crayon à encre effaçable (Photo 8), puis brodez-les en suivant les explications du patron. (Photo 9)

5 PRÉPARATION DE LA FACE AVANT DU SAC

Cousez le passepoil le long du bord supérieur de la poche, sur l'endroit, près de la lisière. (Photo 10)

Superposez la doublure, endroit contre endroit, puis piquez le long du passepoil, à l'aide du pied spécial fermeture Éclair. (Photo 11) Retournez l'ouvrage sur l'endroit, puis faites une couture décorative le long du passepoil, de façon à coucher les coutures. (Photo 12)

Posez cette poche sur la partie avant en simili vert, endroit contre envers. Solidarisez ces deux parties par une couture proche du pourtour. (Photo 13)

6 ASSEMBLAGE DE L'EXTÉRIEUR DU SAC

Cousez le passepoil sur les pourtours et sur l'endroit de la face avant (Photo 14), et de la face arrière en restant bien proche du bord. (Photo 15)

Assemblez la face avant avec la bande latérale à l'aide de l'agrafeuse, en faisant correspondre les repères de milieu et les extrémités. Piquez proche du passepoil à l'aide du pied spécial fermeture Éclair. (Photo 16)

Procédez de même avec la face arrière. (Photo 17)

Mettez l'ouvrage sur l'endroit. Piquez le passepoil le long de l'ouverture du sac, proche de la lisière. Pour un raccord soigné, ouvrez le passepoil sur 1,5 cm d'une extrémité. Coupez la corde, Rabattez le biais en faisant un rentré par-dessus le passepoil de l'autre extrémité. (Photo 18)

7 PRÉPARATION DES SANGLES

Coupez deux sangles de 38 cm chacune. Repérez le milieu de la sangle puis, de ce milieu, pliez-la dans sa longueur sur 5 cm de chaque côté. Piquez sur 10 cm proche des bords. Renforcez les coutures et veillez à bien les arrêter.

Cousez ces sangles sur le haut et l'endroit du sac en simili. Veillez à ce que les anses soient bien en face et de même longueur. Renforcez les coutures. (Photo 19)

14

15

16

17

18

19

20

21

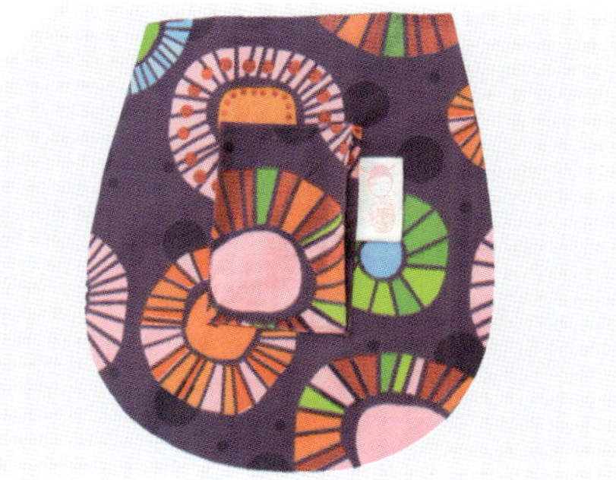

22

23

24

8 PRÉPARATION DE LA POCHE À SOUFFLETS

Pliez le rectangle de coton dans la largeur, endroit contre endroit. Insérez une étiquette décorative si vous le souhaitez sur un côté de la poche. Piquez les deux côtés et le fond en laissant une ouverture pour pouvoir retourner. Retournez sur l'endroit. Faites une piqûre décorative sur le haut de la poche, à 1-2 mm du bord. Marquez un pli de chaque côté de la poche, à 1,5 cm du bord. Piquez à 1 mm du bord. Vous obtenez ainsi une poche de 9 cm de large et deux soufflets de 1,5 cm chacun. (Photo 20)

Rentrez les soufflets en accordéon. Épinglez la poche sur le milieu de la doublure, à environ 7 cm du bord supérieur. Piquez les côtés puis le fond. (Photo 21)

9 ASSEMBLAGE DE LA DOUBLURE

Épinglez la face avant et la face arrière avec la bande latérale en faisant correspondre les repères de milieu et les extrémités. (Photo 22)

Piquez. Laissez une ouverture d'environ 15 cm au fond d'un des côtés pour pouvoir retourner plus tard.

10 ASSEMBLAGE FINAL

Mettez le sac en simili à l'intérieur de la doublure, endroit contre endroit. Épinglez en faisant correspondre les coutures latérales. (Photo 23)

Piquez en restant très proche du passepoil grâce au pied spécial fermeture Éclair. Retournez par l'ouverture laissée au fond de la doublure.

De façon à écraser la couture, faites une piqûre décorative avec un point un peu plus large le long du passepoil, à 2 mm sur tout le pourtour du sac. (Photo 24)

Fermez la doublure à la main, à points glissés.

LE SAC BANDOULIÈRE *pampille*

Avec son patchwork de cotons enduits aux couleurs vitaminées et ses pampilles qui virevolteront au grès de vos déplacements, ce sac à porter en bandoulière, est idéal pour les femmes dynamiques.

LES FOURNITURES :

- 20 x 25 cm de coton enduit rose (le haut du sac - pièce A)
- 140 x 15 cm de coton enduit jaune (le haut du sac - pièce B, l'étiquette décorative et la sangle)
- 25 x 25 cm de coton enduit bleu (le haut du sac - pièce C)
- 45 x 35 cm de simili-cuir noir à relief (le bas du sac)
- 70 x 40 cm de coton (la doublure du sac)
- 120 x 20 cm de coton (les poches intérieures)
- Une fermeture Éclair de 18 cm minimum
- 20 x 20 cm d'entoilage thermocollant de type Vlieseline H250 (les pampilles, l'encadrement de la fermeture Éclair et le fermoir)
- 8 x 4 cm de simili-cuir rose, turquoise, jaune, orange et vert (les grands cercles des pampilles)
- 6 x 3 cm de coton enduit chamarré dans 5 tissus différents (le centre des pampilles)
- 22 cm de ruban satin en 3 mm de large en 5 coloris : jaune, vert, rose, turquoise et orange (les suspensions des pampilles)
- 5,5 cm de ruban satin en 3 mm de large dans 10 coloris différents : 4 turquoise, 4 jaune, 4 rose, 4 violet, 4 orange, 3 vert pomme, 3 rouge, 2 blanc, 1 fuchsia et 1 gris (le décor des pampilles)
- 1,6 m de sangle en 38 mm de large
- 1 étrier de 40 mm de large
- 1 boucle de réglage de 40 mm de large
- 1 fermoir aimanté de 1,8 cm de diamètre

Avant de commencer...

Rajoutez 1 cm de marge de couture à l'ensemble des pièces du patron sauf pour les pampilles. Pour les poches, reproduisez les pièces aux dimensions souhaitées.

DIFFICULTÉ :
**

Planche : **RECTO**
Patron : **NOIR**

COMMENT FAIRE ?

1 RÉALISATION DES PAMPILLES

Sur la partie non enduite de colle de l'entoilage, reproduisez les dix grands cercles et les dix petits cercles. Vous pouvez vous aider du patron ou d'une bobine de 3 cm de diamètre pour le grand cercle, et 2 cm pour le petit (Photo 1)

Après avoir coupé vos cinq chutes de simili et vos cinq chutes de coton enduit (Photo 2), vous les entoilerez de deux cercles chacun (Photo 3). Coupez les pièces précisément sur le trait avec des petits ciseaux de broderie (Photo 4). Collez les petits cercles au centre des grands avec la colle blanche en bâton (Photo 5), puis piquez à l'aide du pied Téflon à 2 mm des bords (Photo 6). Faites ainsi pour les dix pièces.

Pour chaque pampille, coupez six morceaux de ruban de 5,5 cm dans les coloris de votre choix et un de 22 cm qui servira à la suspendre (Photo 7).

À l'aide du ruban adhésif, fixez le ruban à suspendre après l'avoir plié en deux. Fixez de la même façon les « quarts » (Photo 8) puis l'ensemble des rubans en les répartissant de façon homogène. Les rubans doivent dépasser d'environ 2 cm (Photo 9). Épinglez (pincez) les deux cercles l'un sur l'autre, envers contre envers (Photo 10). Piquez avec le pied Téflon à 2 mm des bords. Faites de même pour les cinq pampilles (Photo 11).

1
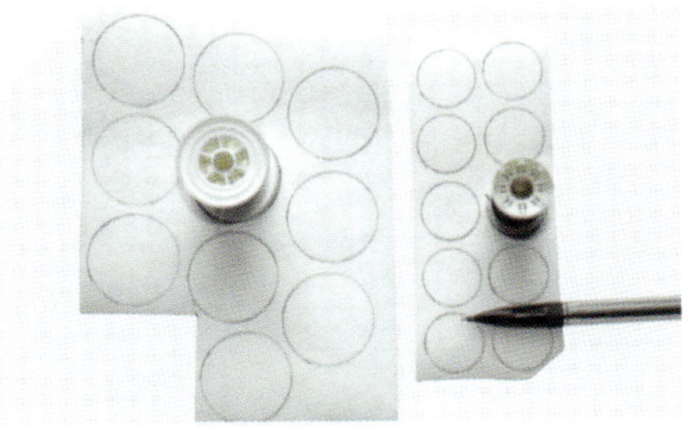

2

3
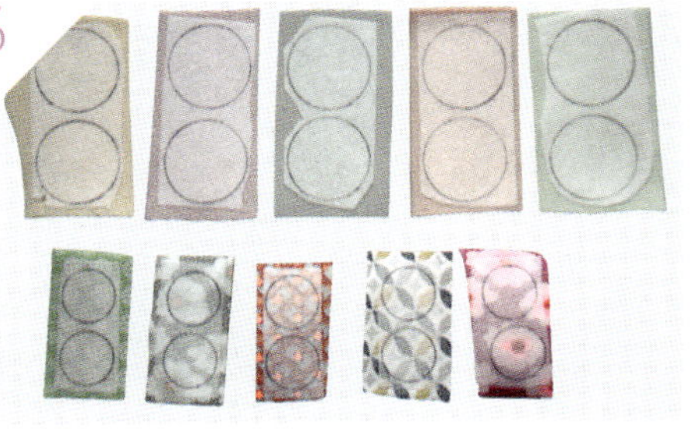

4

5

6

7

8
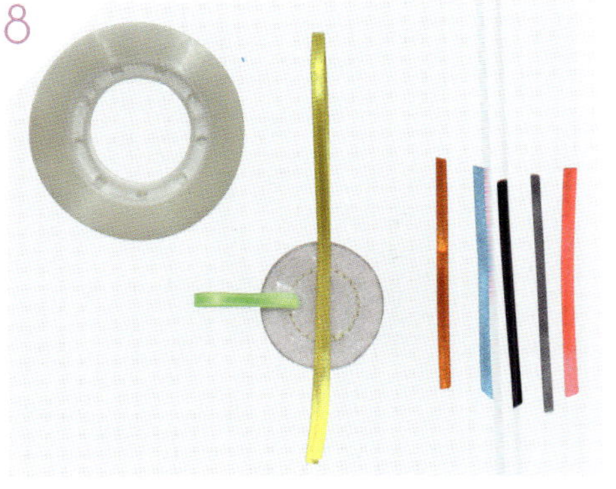

9

10

11
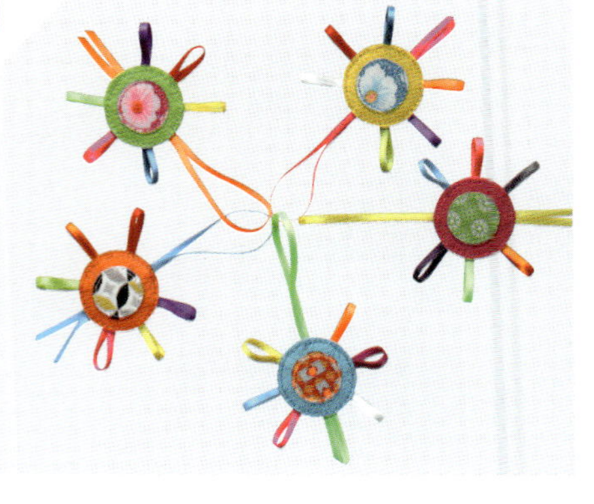

12

13

14

15

16

17

18

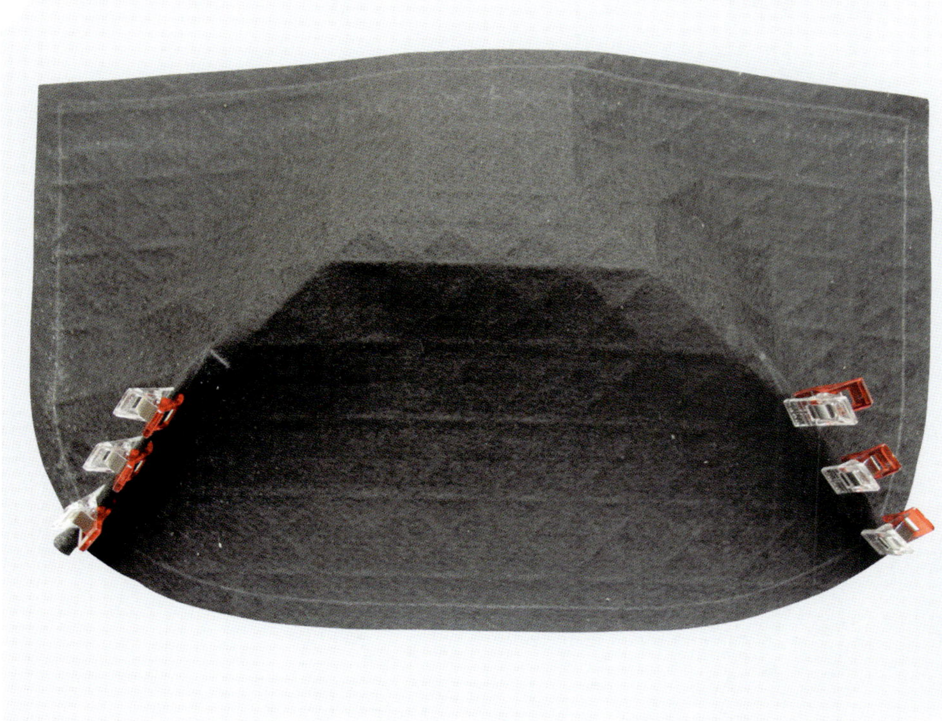

2 RÉALISATION DE L'EXTÉRIEUR DU SAC

Dans chacun des tissus, reproduisez le patron des pièces en deux exemplaires en miroir, puis coupez en rajoutant 1 cm de marge de couture (Photo 12).

Épinglez précisément les parties B et C puis piquez sur le tracé (Photo 13).

Ouvrez la couture au fer (Photo 14) puis faites une piqûre décorative sur l'endroit de part et d'autre de la couture, avec un point un peu plus long (Photo 15).

Épinglez précisément la partie A à l'ensemble réalisé précédemment (Photo 16). Piquez sur le tracé. Ouvrez la couture au fer puis faites une piqûre décorative sur l'endroit de part et d'autre de la couture, avec un point un peu plus long (Photo 17).

Épinglez précisément les pinces sur la partie basse du sac (D) (Photo 18). Piquez sur le trait.

Répartissez les pampilles comme indiqué sur le patron en veillant à ce qu'elles soient toutes à la même hauteur. Épinglez-les (Photo 19) puis maintenez-les en place par un petit point à l'intérieur du surplus de couture (Photo 20).

19

20

Épinglez précisément la partie haute avec la partie basse du sac, endroit contre endroit (Photo 21) puis piquez sur le trait. Ouvrez la couture au fer (Photo 22) puis faites une piqûre décorative sur l'endroit, de part et d'autre de la couture, avec un point un peu plus long (Photo 23).

Votre face avant est terminée. Faites le même travail, sans les pampilles, avec la face arrière (Photo 24).

Pour l'étiquette décorative latérale, coupez un carré de 6 cm de côté dans le coton enduit. Pliez-le en deux, endroit contre endroit, puis piquez les côtés et coupez les angles (Photo 25). Passez-la sur l'endroit.

Superposez, endroit contre endroit, les deux faces de votre sac. Épinglez en faisant bien correspondre les pinces, les jonctions latérales et les ouvertures. Insérez l'étiquette à 7 cm de l'ouverture. Piquez (Photo 26). Crantez les arrondis (Photo 27).

3 RÉALISATION DE L'INTÉRIEUR DU SAC

Reproduisez le patron de la pièce complète du sac (A,B, C, D) en deux exemplaires en miroir, puis coupez en rajoutant 1 cm de marge de couture (Photo 28).

3-1- Réalisation de la poche zippée

Dans le coton choisi, coupez trois pièces rectangulaires qui constituent la poche : une pièce supérieure de 20 x 3 cm, une pièce inférieure de 20 x 17 cm et une pièce arrière de 20 x 20 cm (Photo 29).

Repérez les milieux de la fermeture Éclair et de la pièce supérieure. Épinglez l'endroit de la pièce supérieure à l'envers de la fermeture Éclair en faisant correspondre les repères (Photo 30).

Piquez à 0,6 cm du bord de la chainette.

21

22

23

24

25

26

27

28

29

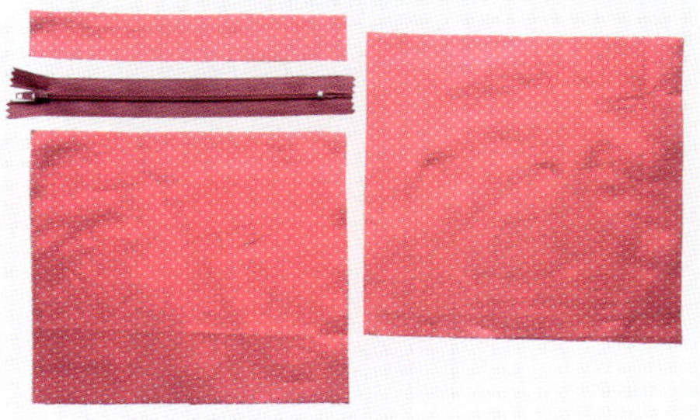

30

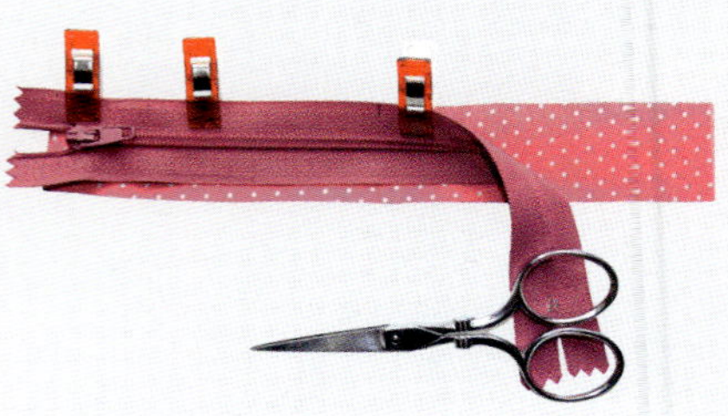

31

32

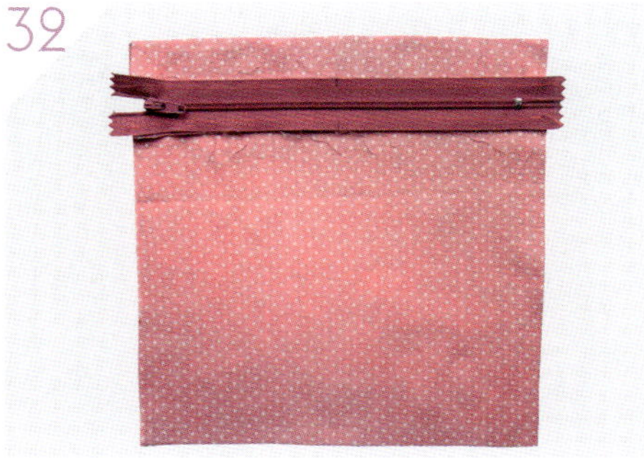

33

34

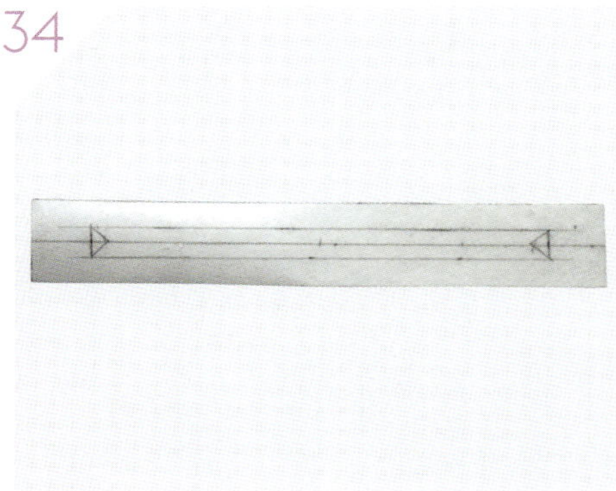

35

36

37

38

39

40

Repérez le milieu de la pièce inférieure. Épinglez l'endroit de la pièce inférieure à l'envers de la fermeture Éclair en faisant correspondre les repères (Photo 31). Piquez à 0,6 cm du bord de la chainette.

Mettez vos tissus en place de part et d'autre de la fermeture Éclair puis repassez (Photo 32). Afin de coucher les coutures, faites une piqûre parallèlement à la fermeture Éclair (Photo 33).

Sur la partie non enduite de colle d'une pièce d'entoilage de 20 x 3 cm, reproduisez le schéma d'ouverture de la poche présent sur le patron (Photo 34). Thermocollez cette pièce à 8 cm du haut du sac. Veillez à ce que cette pièce soit droite et centrée (Photo 35).

À l'aide des petits ciseaux de broderie, ouvrez la ligne centrale et incisez les extrémités. Allez bien dans les angles sans les dépasser (Photo 36).

Rabattez les surplus de couture au fer à repasser (Photo 37). Insérez la poche zippée dans l'ouverture. Faites un point de bâti afin de faciliter la couture machine (Photo 38). Piquez sur l'endroit avec le pied spécial fermeture Éclair en faisant bien le tour de l'ouverture, à 1-2 mm des bords. Allez doucement aux extrémités, au passage de la chainette de la fermeture Éclair pour ne pas casser votre aiguille.

Épinglez la pièce arrière de la poche à la poche zippée, endroit contre endroit (Photo 39). Piquez tout le tour puis coupez l'excèdent de ruban de la fermeture Éclair (Photo 40).

41

42
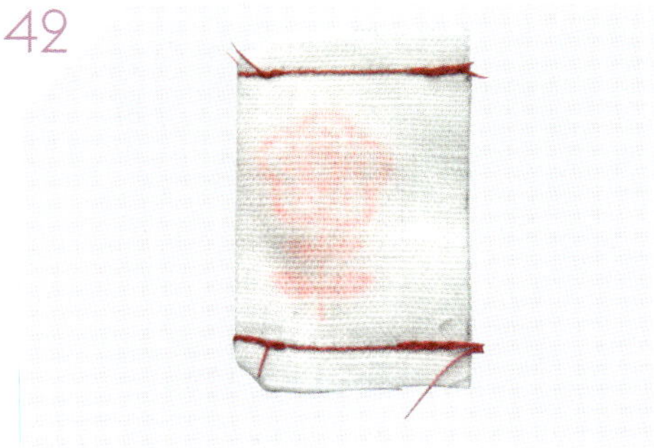

43

3-2- Réalisation de la poche plaquée et à soufflets

Pour la confection de l'étiquette décorative, pliez la pièce de coton beige en deux afin d'en marquer le milieu. Tamponnez-la avec votre tampon favori enduit d'encre textile. Selon que vous souhaitez l'étiquette à droite ou à gauche de la poche, vous tamponnez respectivement la partie gauche ou la partie droite de l'étiquette. Après séchage, passez au fer selon les consignes du fabriquant de peinture (Photo 41).

Pliez l'étiquette en deux, endroit contre endroit, puis piquez les côtés (Photo 42).

Passez-la sur l'endroit. Votre étiquette décorative est prête à être cousu à la poche (Photo 43).

Coupez deux rectangles de 30 x 15 cm dans le coton choisi.

Épinglez-les endroit contre endroit en insérant l'étiquette décorative au tiers supérieur (Photo 44).

Piquez tout le tour en faisant une ouverture d'environ 7 cm sur le bas pour pouvoir retourner plus tard. Coupez les angles (Photo 45).

Retournez sur l'endroit. Faites une couture décorative à 2 mm du bord supérieur puis tracez au stylo effaçable une perpendiculaire à 13 cm (Photo 46) qui marquera votre poche plaquée.

44
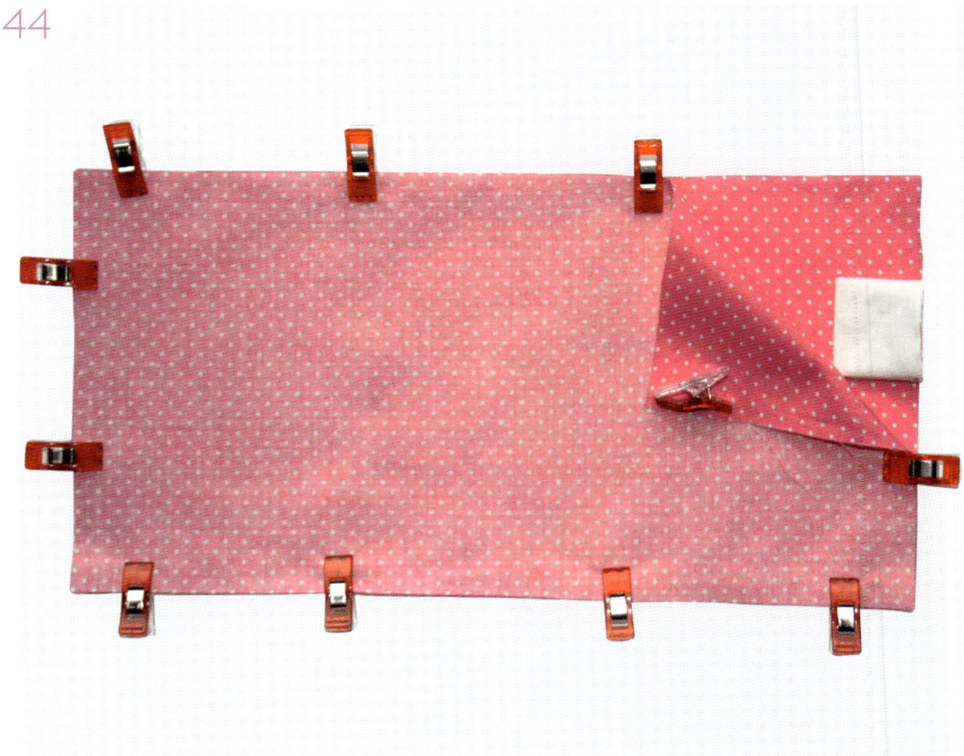

45

46

47

Épinglez votre poche sur la doublure. Faites en sorte que l'ouverture se situe à 8 cm du haut du sac (à partir du milieu). Centrez-la verticalement afin que vous ayez 5,5 cm de chaque côté (surplus de couture compris). Tendez la poche plaquée (Photo 47). Piquez les deux côtés à 2 mm des bords et piquez sur le trait de la poche plaquée.

Au stylo à encre effaçable, tracez l'emplacement des soufflets à 3 cm sur les deux côtés de la poche (Photo 48).

Marquez les plis en accordéon de sorte que les traits tombent à l'aplomb de la couture plaquée (Photo 49). Épinglez sur le bas de la poche (Photo 50) puis piquez sur toute la longueur à 2 mm du bord (Photo 51).

48

49

50

51

3-3- Assemblage de la doublure

Épinglez précisément les pinces. Piquez sur le trait (Photo 52). Faites ainsi pour les deux parties de la doublure.

Superposez, endroit contre endroit, les deux faces de la doublure (Photo 53). Faites bien correspondre les pinces et les ouvertures. Piquez.

Repérez le milieu de l'ouverture du sac. À 3 cm du bord supérieur, sur cette ligne centrale, faites un point indiquant l'emplacement précis du fermoir. Fixez une pièce d'entoilage thermocollant de 4 x 4 cm autour de ce point afin de renforcer cette partie. Posez la pièce arrière du fermoir sur le repère et marquez l'emplacement des griffes (Photo 54). Entaillez ces repères avec des petits ciseaux de broderie (Photo 55). Passez votre fermoir sur l'endroit de la doublure, les griffes au travers des entailles. Passez les griffes dans la pièce arrière puis rabattez les griffes à l'aide d'une pince (Photo 56).

Posez l'autre partie du fermoir en vis-à-vis du premier, en procédant de la même façon.

52

53

54

55

56

57

58

59

60

61

62

4 RÉALISATION DE LA BANDOULIÈRE

Dans le coton enduit jaune, tracez puis coupez des bandes de 2 cm de large afin d'obtenir une bande de 20 cm de long et une autre de 140 cm. Faites des raccords si nécessaire (Photo 57) pour la grande longueur.

Coupez 20 cm de sangle. Épinglez la bande de coton enduit au centre de la sangle (Photo 58) puis piquez à 2 mm du bord (Photo 59). Passez ce morceau de sangle dans l'étrier, pliez-le en deux puis piquez dans la longueur en insistant bien pour plus de solidité.

Épinglez les 1,40 m de bande de coton enduit au centre de la longue sangle. Piquez à 2 mm des bords (Photo 60).

Épinglez les deux parties de la sangle sur les côtés du sac en simili. Faites en sorte que le milieu de la sangle soit à l'aplomb de la couture latérale, que l'endroit de la sangle soit sur l'endroit du sac (Photo 61) et que la partie de sangle comportant l'étrier se situe à l'arrière du sac lorsque vous le portez en bandoulière (Photo 62) (pour raison esthétique). Piquez en insistant bien.

5 MONTAGE FINAL

Insérez votre sac en simili-cuir à l'intérieur de la doublure, endroit contre endroit (Photo 63). Épinglez en faisant correspondre les repères de milieu et les coutures latérales. Faites sortir la grande sangle par l'ouverture laissée au fond de la doublure. Piquez. Insistez au passage des sangles.

Passez votre sac sur l'endroit par l'ouverture du fond de la doublure. Épinglez l'ouverture de sorte que la couture précédente se situe bien à l'aplomb de l'ouverture (Photo 64). Piquez à 2 mm du bord avec un point un peu plus large (Photo 65).

Passez l'extrémité de la grande sangle à travers la boucle de réglage (Photo 66), passez ensuite dans l'étrier de l'arrière vers l'avant. Repassez ensuite dans la boucle de réglage (Photo 67). Épinglez l'extrémité sur 6 cm de façon à emprisonner la boucle de réglage. Piquez de chaque côté de la sangle en insistant bien.

Épinglez un rentré sur le fond de la doublure du sac. Faites des points glissés à la main pour une couture invisible (Photo 68) (voir explications page 10).

63

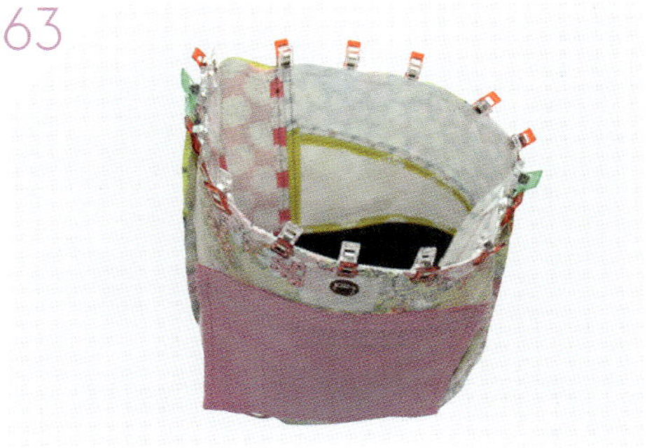

64

65

66

67

68

LES ACCESSOIRES DE SAC

LE PORTE-CARTE *quotidien*

Idéal pour porter les deux cartes dont on se sert au quotidien, ou presque : la carte de crédit, la carte de transport, la carte de cantine, le forfait de ski...

Deux modèles sont présentés :
L'un donnant accès aux cartes par le milieu du porte-cartes (modèle A - noir).
L'autre donnant accès aux cartes par le haut du porte-cartes (modèle B - orange).

LES FOURNITURES :

- 10 x 13 cm de simili-cuir (la couverture) noir (modèle A) ou orange (modèle B)
- 10 x 13 cm de toile cirée ou de coton enduit (l'intérieur)
- 2 x (6 x 10 cm) de plastique cristal (modèle A) ou 9,5 x 13 cm de plastique cristal (modèle B)
- Des chutes de simili-cuir (la décoration)
- Des chutes d'entoilage thermocollant de type Vlieseline H250

Avant de commencer...

Pour les deux modèles, les patrons des pochettes en plastique cristal sont donnés coutures comprises. Pour le reste, reproduisez un rectangle de 10 x 13 cm dans les deux tissus.

Les appliqués sont à reproduire à la taille figurant sur le patron.

Les explications concernant la broderie sont sur la planche patron.

DIFFICULTÉ :
*

Planche : **RECTO**
Patron : **BLEU MARINE**

COMMENT FAIRE ?

1

2

MODÈLE A

1 Découpez le rectangle de coton enduit, le rectangle de simili-cuir, les deux pochettes plastique, ainsi que les trois pièces du décor préalablement renforcées d'entoilage thermocollant. (Photo 1)

2 Appliquez les trois pièces du motif selon une logique d'empilement, à 2 cm du bord inférieur et 1 cm de la bordure de droite. (Photo 2)

3 Dessinez les motifs à broder à l'encre effaçable et brodez selon les instructions du patron. (Photo 3)

Agrémentez le décor de quatre sequins « Étoiles ». (Photo 4)

4 Superposez avec précision le simili et le coton enduit envers contre envers, ainsi que les deux pochettes plastique. Solidarisez le tout à l'aide de trombones. (Photo 5)

Cousez le pourtour du porte-cartes à 2 mm des bords. Pliez le porte-cartes en deux, marquez le milieu puis piquez. (Photo 6)

3

4

5

6

7

8

9

MODÈLE B

1 Découpez le rectangle de coton enduit, le rectangle de simili-cuir, et le rectangle de la pochette plastique. Découpez les trois pièces du décor préalablement renforcées d'entoilage thermocollant. (Photo 7)

2 et 3 Identiques au modèle A.

4 Superposez avec précision le simili et le coton enduit envers contre envers, ainsi que la pochette plastique. Solidarisez le tout à l'aide de trombones. (Photo 8)

Cousez le pourtour du porte-cartes, à 2 mm des bords, en veillant à ne pas prendre le plastique dans la couture supérieure du porte-cartes. Pliez le porte-cartes en deux, marquez le milieu puis piquez. (Photo 9)

LE PORTE-CARTES de fidélité

Parce que l'on a de plus en plus de cartes de fidélité et que l'on ne sait plus où les ranger, voici l'objet indispensable de votre sac à main. Ce porte-cartes de fidélité, aussi élégant qu'utile, vous permettra de ranger et de trouver toutes vos cartes en un coup d'œil !

LES FOURNITURES :

- Une bande de 42 x 9,5 cm de coton enduit rose
- Une bande de 42 x 9,5 cm de coton enduit bleu
- Une chute de plastique cristal de 36 x 18 cm (les poches)
- Deux boutons de 1,5 cm de diamètre environ (la fermeture)
- Des chutes de simili-cuir (le décor)
- 2 x 12 cm d'élastique rond (la fermeture)
- Des chutes d'entoilage Thermocollant de type Vlieseline H250

astuce

Le porte-cartes est prévu pour 12 cartes de fidélité (2 x 6), soit 7 emplacements. Vous pouvez le rallonger pour en mettre davantage. Pour cela, veillez à prévoir un nombre impaire d'emplacements sur vos bandes de cotons enduits pour permettre une fermeture en quinconce. Ainsi, pour 16 cartes, vous prévoirez 9 emplacements. Pour 20 cartes, vous en prévoirez 11. Comptez 6 cm par emplacement..

Avant de commencer...

Les patrons des pochettes en plastique cristal sont donnés coutures comprises. Pour le reste, veuillez reproduire une bande de 42 x 9, 5 cm dans chaque coton enduit.

Les appliqués sont à reproduire à la taille figurant sur le patron.

DIFFICULTÉ :
*

Planche : **RECTO**
Patron : **MARRON**

COMMENT FAIRE ?

1 Tracez, puis coupez les deux bandes de coton enduit et les deux bandes de plastique cristal. (Photo 1)

ATTENTION
Soyez très vigilante sur la précision du tracé et la coupe des quatre bandes de tissus.

2 Entoilez une extrémité de chaque bande de coton enduit d'un rectangle de thermocollant de 6 x 9, 5 cm (couverture et dos du porte-cartes). Découpez les quatre fleurs du décor dans les chutes de simili-cuir préalablement renforcées d'entoilage thermocollant. (Photo 2)

3 Appliquez les fleurs sur l'avant et l'arrière du porte-cartes en veillant à ne pas aller au-delà des 6 cm destinés à la couverture avant et arrière. (Photo 3)

4 Posez la bande de plastique cristal sur l'endroit du coton enduit. Faites de même avec l'autre bande, puis superposez les, envers contre envers, de telle sorte que les décors apparaissent aux extrémités opposées. Une fois en place, solidarisez le tout avec des trombones ou des pinces. (Photo 4)

1

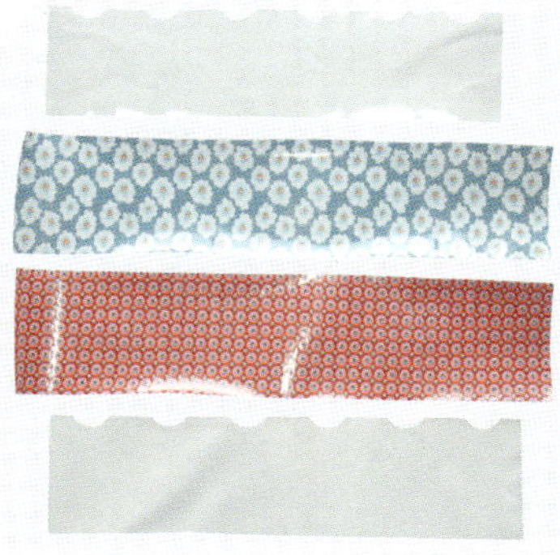

2

3

4

5

6

7

8

9

5 Commencez par la couture de l'extrémité du plastique, à côté du décor. Faites de même de l'autre côté. (Photo 5)

6 Cousez ensuite les quatre séparations entre les cartes, en doublant les coutures. (Photo 6)

7 Cousez les boutons au centre des fleurs. Faites une ganse avec l'élastique rond à chaque extrémité du porte-cartes. Maintenez-la avec du ruban peu adhésif. (Photo 7)

8 Cousez tout le pourtour du porte-carte à 2 mm des bords en insistant au passage des ganses. Au lieu de sortie des cartes, veillez à ne pas prendre les deux couches de plastique dans la couture. (Photo 8)

9 Coupez l'excédent de coton enduit sur le haut du porte-cartes (2-3 mm). (Photo 9)

10 Il ne vous reste plus qu'à plier le porte-cartes en accordéon le long des lignes de couture et le tour est joué.

astuce

Afin d'éviter que la matière plastique n'adhère à la tablette de la machine à coudre et empêche l'entraînement du tissu, mettez du papier de soie ou du papier patron entre la tablette et votre ouvrage.

LE PORTE-CHÉQUIER et cartes

Pour embellir le chéquier pas très glamour de votre banquier, voici un étui résistant et élégant dans lequel vous pourrez également ranger vos cartes les plus fréquemment utilisées. Vous pourrez même l'assortir à votre sac à main.

LES FOURNITURES :

- 26, 5 x 21, 5 cm de simili-cuir marron (la couverture)
- Un coupon de 20 x 50 cm de PVC souple noir (la doublure des rabats, de la couverture)
- Un coupon de 20 x 60 cm de coton fantaisie (les rabats, les poches)
- Des chutes de coton et de simili (le décor)
- Des chutes d'entoilage thermocollant de type Vlieseline H250
- Des fils de mouliné orange (DMC 947) et marron (DMC 434)

astuce

Si vous souhaitez un porte-chéquier sans porte-cartes, faites le rabat de gauche comme celui de droite. Le travail sera encore plus simple et plus rapide..

Avant de commencer...

Les pièces de tissus étant rectangulaires, elles ne nécessitent pas de patron. Coupez-les à la taille indiquée.

Les appliqués sont à reproduire à la taille figurant sur le patron.

Les explications concernant la broderie sont sur la planche patron

DIFFICULTÉ :
***

Planche : **RECTO**
Patron : **BLEU MARINE**

COMMENT FAIRE ?

1 COUPE DE TOUTES LES PIÈCES DE TISSU

Pour la couverture : 26,5 x 21,5 cm de simili-cuir marron et 24,5 x 19,5 cm dans le PVC noir.

Pour les deux rabats : 2 rectangles de 19,5 x 11,5 cm dans le coton fantaisie, et 2 rectangles de 19,5 x 11,5 dans le PVC noir.

Pour les poches : 3 bandes de 19,5 x 11 cm dans le coton fantaisie.

Coupez toutes les pièces du décor préalablement renforcées d'entoilage thermocollant. (Photo 1)

2 RÉALISATION DU DÉCOR

Tracez la branche avec le crayon à encre effaçable ou à la craie, puis brodez-la en suivant les instructions du modèle. (Photo 2)

Appliquez l'oiseau et son aile, puis brodez l'oeil et la patte en suivant les instructions du modèle. (Photo 3)

Appliquez les feuilles à la machine, au point de bourdon serré. (Photo 4).

3 RÉALISATION DU RABAT AVEC POCHES

Pliez les trois bandes de coton dans la longueur, endroit contre endroit. Piquez dans la longueur. (Photo 5)

Repassez puis faites une piqûre décorative sur le haut de chaque poche, à 2 mm du bord. (Photo 6)

Cousez le bas des poches sur le rabat en coton de sorte que le haut de la poche se situe à 3 cm du haut du rabat pour la première poche, 4,8 cm pour la deuxième, et 6,6 cm pour la troisième. (Photo 7)

1

2

3

4

5

6

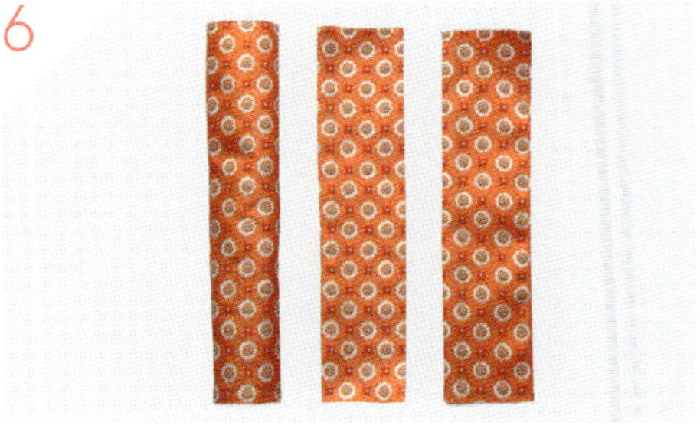

7

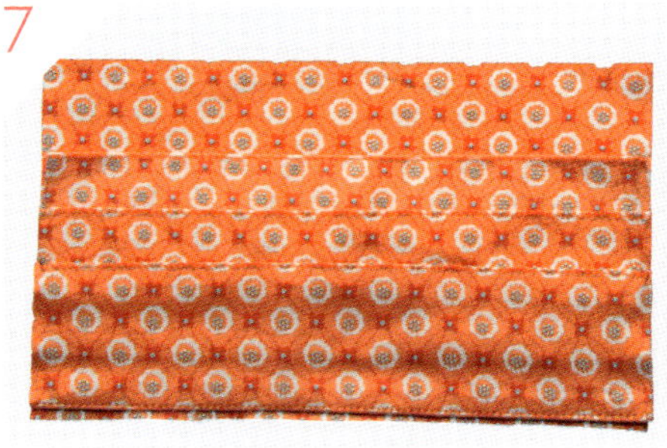

8

9
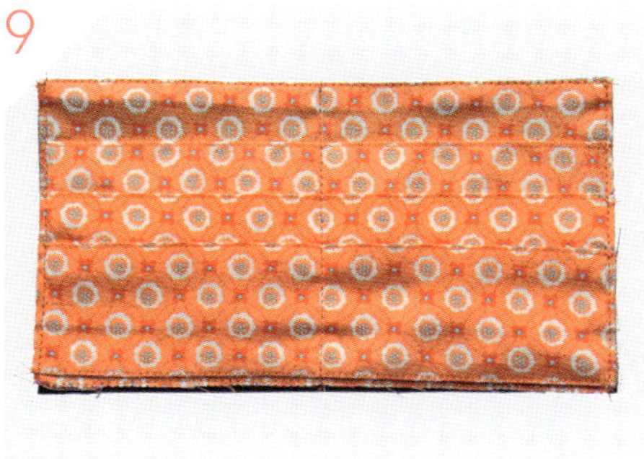

Superposez ce rabat sur sa doublure en PVC, endroit contre endroit. Piquez le haut. Retournez sur l'endroit puis faites une couture décorative à 2 mm du bord supérieur. (Photo 8)

Sur l'endroit, piquez les côtés, le fond et la séparation centrale. (Photo 9)

10

11

4 RÉALISATION DU RABAT « SIMPLE »

Superposez endroit contre endroit le rabat en coton et sa doublure en PVC. Piquez le haut. Retournez sur l'endroit et faites une piqûre décorative à 2 mm du bord supérieur. (Photo 10)

5 ASSEMBLAGE FINAL

Posez les deux rabats sur la doublure, puis piquez les contours pour solidariser le tout. (Photo 11)

12
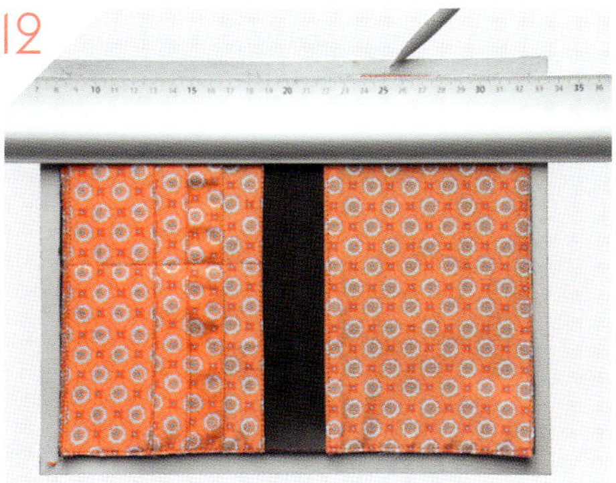
13

Posez l'intérieur du porte-chéquier au centre de la couverture, envers contre envers, poches et décor dos à dos, puis tracez les contours. (Photo 12)

Coupez les angles sur les traits sur les grands côtés, et à l'extérieur des traits sur les petits côtés. (Photo 13)

14

15

Positionnez à nouveau l'intérieur du porte-chéquier sur sa couverture, envers contre envers. Rabattez l'excédent de couverture à l'intérieur, sur les grands côtés. Le temps de la couture, fixez le tout avec des trombones ou des petites pinces. Piquez. (Photo 14)

Faites de même avec les petits côtés (photo 15). Pour de jolis angles, solidarisez la jointure à points glissés. (Photo 16)

16

LE PORTE-MONNAIE *pop*

Avec sa forme tout en rondeur et son ouverture généreuse, il permet en un clin d'œil de voir toute sa richesse.

LES FOURNITURES :

- 20 x 16 cm de simili-cuir « argent » tramé (l'extérieur)
- 20 x 16 cm de coton fantaisie (la doublure)
- Des chutes de simili-cuirs unis de différents coloris (le décor)
- Des chutes de cotons enduits à motifs (le décor)
- Des chutes d'entoilage thermocollant de type Vlieseline H250
- Une fermeture Éclair de 20 cm
- Des fils de moulinés (la broderie)

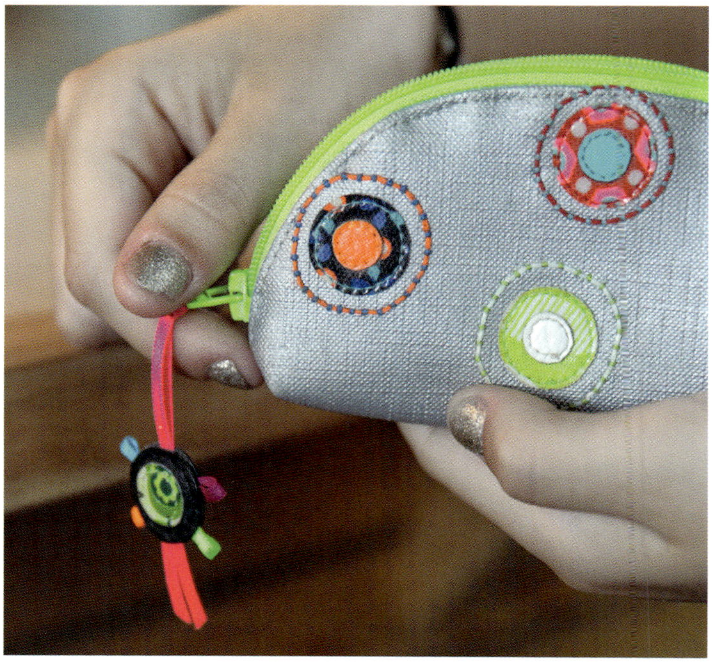

Avant de commencer...

Le patron est présenté coutures non comprises. Rajoutez 1 cm de marge de couture.

Les appliqués sont à reproduire à la taille figurant sur le patron.

Les explications concernant la broderie sont sur la planche patron.

DIFFICULTÉ :
**
Planche : **VERSO**
Patron : **ROSE**

COMMENT FAIRE ?

1

1 COUPE DE TOUTES LES PIÈCES DE TISSU

Un devant et un dos dans le simili-cuir « argent ».

Un devant et un dos dans la doublure en coton.

Huit petits cercles de 1 cm de diamètre dans les simili- cuirs unis, après les avoir préalablement entoilés.

Huit grands cercles de 2 cm de diamètre dans les cotons enduits chamarrés, après les avoir préalablement entoilés. (Photo 1)

2 RÉALISATION DU DÉCOR

Appliquez les grands cercles de coton enduit sur le devant et le dos en simili « argent », avec un point droit proche du bord. Appliquez ensuite les petits cercles au centre des grands en utilisant la même technique.

Tracez, au crayon à encre effaçable, un cercle de 2, 5 cm de diamètre environ autour de chaque élément du décor. Brodez ce cercle au point de couchure avec 4 fils de base et 4 fils de maintien, de couleurs contrastantes. (Photos 2 et 3)

3 MONTAGE DE LA FERMETURE ÉCLAIR

Marquez les milieux de la fermeture Éclair, des deux pièces de simili-cuir et des deux pièces de doublure. Prenez en sandwich la fermeture Éclair entre la face en coton et la face en simili-cuir, endroit contre endroit, en faisant correspondre les repères. (Photo 4)

2

3

4

5

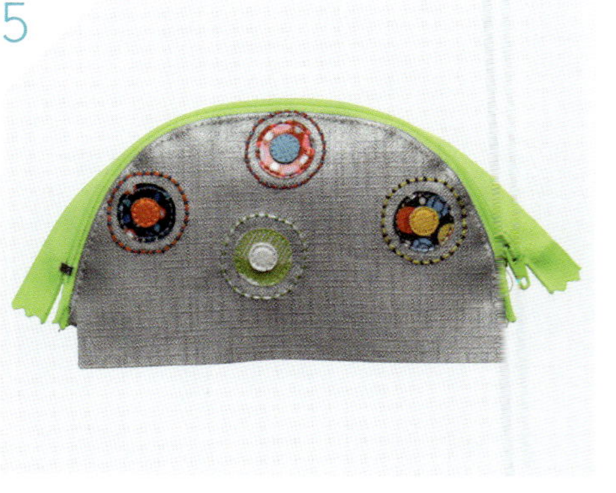

Épinglez puis piquez avec le pied spécial fermeture Éclair. Passez l'ouvrage sur l'endroit puis faites une couture décorative le long de la fermeture Éclair avec un point un peu plus large. (Photo 5)

Faites la même opération avec l'autre face (photo 6). Remettez l'ouvrage sur l'envers puis éclaircissez les coutures.

6

7

8

9

10

11

3 ASSEMBLAGE FINAL

Sur l'envers, disposez votre ouvrage de sorte qu'il y ait les deux faces en simili-cuir d'un côté, les deux faces en coton de l'autre. Épinglez le fond en similicuir puis piquez. (Photo 7)

Afin de former le soufflet, ouvrez l'angle de sorte que la couture de fond soit en vis à vis de la fermeture Éclair. Épinglez en répartissant l'excédent de couture du fond. (Photo 8)

Piquez perpendiculairement à la couture du fond sur le tracé de couture. Faites de même pour l'autre angle. (Photo 9)

Positionnez votre ouvrage de façon à pouvoir épingler le fond de la doublure, endroit contre endroit. Piquez en laissant une ouverture pour pouvoir retourner l'ouvrage. (Photo 10)

Piquez les angles en arc de cercle en descendant le plus bas possible vers la fermeture Éclair. Retournez le porte-monnaie, puis fermez le fond de la doublure à points glissés. (Photo 11)

Pour la décoration du curseur, faites comme pour les pampilles du sac bandoulière pampille page 32.

L'ÉTUI DE TÉLÉPHONE *dépliable*

Avec ce modèle type « dépliable », votre téléphone peut être utilisé sans jamais être sorti de son étui. Maintenu par une bande de plastique cristal, l'écran est protégé tout en conservant ses fonctions tactiles.

Le patron a été réalisé pour un téléphone de type Iphone 4S (11,5 x 6 x 1 cm).

Pour adapter les dimensions du patron à votre téléphone : A l'aide d'un mètre à mesurer souple, mesurez toute la hauteur de votre téléphone (hauteur + épaisseur + hauteur). A cette mesure, vous rajouterez 2 cm. Vous obtenez ainsi la hauteur de votre patron.

Pour la largeur, vous mesurez une largeur de téléphone ainsi que les deux épaisseurs. La mesure obtenue sera la largeur de votre patron.

A ces mesures de largeur et de longueur, vous n'aurez plus qu'à rajouter 1 cm de marge de couture tout le tour.

LES FOURNITURES :

- 28 x 10 cm de simili-cuir noir (l'extérieur)
- 34 x 10 cm de coton fantaisie (la doublure et la patte aimantée)
- 28 x 10 cm de ouate en feuille
- 10 x 9,5 cm de plastique cristal (la pochette intérieure)
- Deux petits aimants plats
- 4 cm de deux rubans fantaisie
- Des chutes de simili-cuir blanc (le décor)
- Des chutes d'entoilage thermocollant de type Vlieseline H250

Avant de commencer...

Le patron de la pièce en simili-cuir et de sa doublure est donné coutures non comprises. Rajoutez 1 cm de marge de couture. Pour les autres pièces de tissus, s'agissant de pièces rectangulaires, reproduisez-les à la taille demandée.

Les appliqués sont à reproduire à la taille figurant sur le patron.

DIFFICULTÉ :

**

Planche : **VERSO**

Patron : **TURQUOISE**

COMMENT FAIRE ?

1 COUPE DE TOUTES LES PIÈCES DE TISSU

À l'aide du patron, coupez :

- Une pièce dans le simili-cuir noir, une pièce dans la doublure en coton et une pièce dans la ouate en rajoutant les marges de couture.
- Un rectangle de 9 x 6 cm dans le coton pour la patte de fermeture, après l'avoir entoilé.
- Un rectangle de 10 x 9,5 cm dans le plastique cristal.
- Les deux pièces du décor après les avoir préalablement entoilées. (Photo 1)

2 PRÉPARATION DE LA FACE EXTÉRIEURE

Appliquez le haut de la tête de mort au centre de la pièce en simili-cuir, à 3,5 cm du bord supérieur. Faites de même avec les tibias. (Photo 2)

Après avoir plié en deux les chutes de ruban, cousezles sur un côté de l'étui, avec une couture proche du bord. (Photo 3)

3 PRÉPARATION DE LA PATTE DE FERMETURE

Pliez le petit rectangle de coton endroit contre endroit et piquez les bords. Mettez sur l'endroit puis écrasez la couture à l'aide d'une piqûre sur tout le pourtour de la patte à 2 mm du bord. Insérez l'aimant plat. (Photo 4)

Positionnez-le à l'extrémité et au centre de la patte. Emprisonnez-le dans un carré de couture que vous piquerez à l'aide du pied spécial fermeture Éclair. (Photo 5)

1

2

3

4

5

6

7

8

9

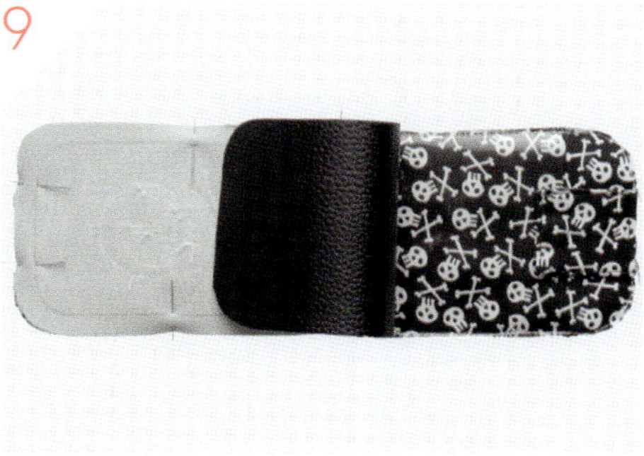

10

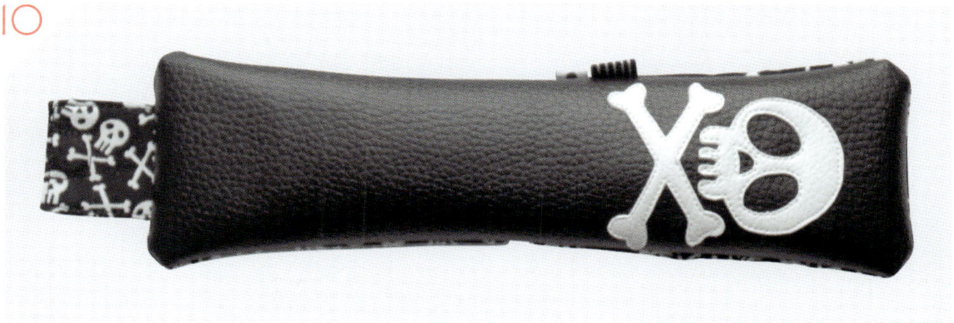

11

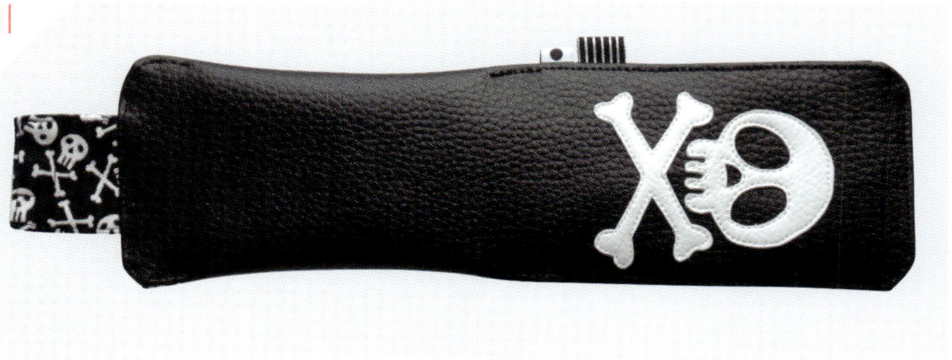

12

4 PRÉPARATION DE LA FACE INTÉRIEURE

Posez le plastique cristal sur l'endroit de la doublure, à 3 cm du bord supérieur et piquez les deux côtés près du bord. (Photo 6)

Piquez la ouate sur l'envers de la doublure, près des bords. Coupez la ouate qui dépasserait. (Photo 7)

Sur le petit côté de la doublure, côté pochette plastique, fixez la patte par des points proches du bord. (Photo 8)

5 ASSEMBLAGE ET FINITIONS

Superposez les faces intérieure et extérieure endroit contre endroit, le décor et la pochette plastique tête bêche. Épinglez puis piquez sur le tracé de couture en laissant une ouverture pour pouvoir retourner plus tard. Éclaircissez les coutures. (Photo 9)

Retournez. (Photo 10)

Insérez l'aimant plat à l'intérieur de l'étui par l'ouverture encore présente.

Afin de coucher les coutures, faites une piqûre décorative, à points un peu plus larges, sur l'endroit, sur le pourtour de l'étui à l'exception de la pochette plastique. Ainsi, votre étui est fermé. (Photo 11)

Sur le petit côté de la pochette en simili, côté décor, tracez un carré dans lequel vous emprisonnerez l'aimant. Piquez sur le tracé à l'aide du pied spécial fermeture Éclair. (Photo 12)

L'ÉTUI DE TÉLÉPHONE *fourre-tout*

C'est l'étui de téléphone idéal pour celles et ceux qui préfèrent se servir de leur appareil en l'ayant bien en main. Molletonné, cet étui permet une protection impeccable du téléphone qui ne pourra s'échapper grâce à sa patte de fermeture aimantée.

LES FOURNITURES :

- 28 x 10 cm de simili-cuir parme (l'extérieur)
- 36 x 10 cm de coton fantaisie (la doublure et la patte aimantée)
- 30 x 10 cm de ouate en feuille
- 3 x 8 cm de coton enduit à motifs (le décor)
- Une chute de simili-cuir blanc (le décor)
- Des chutes d'entoilage thermocollant de type Vlieseline H250
- Deux sequins
- Des fils de mouliné violet (DMC 550) et fuchsia (DMC 917) (la broderie)
- 4 cm de deux rubans fantaisie
- Deux petits aimants plats

Avant de commencer...

Le patron de la pièce en simili-cuir est donné coutures non-comprises. Rajoutez 1 cm de marge de couture. Les autres pièces de tissus étant rectangulaires, reproduisez-les à la taille demandée.

Les appliqués sont à reproduire à la taille figurant sur le patron.

Les explications concernant la broderie sont sur la planche patron.

DIFFICULTÉ :
**

Planche : **VERSO**
Patron : **TURQUOISE**

COMMENT FAIRE ?

1 COUPE DES PIÈCES DE TISSUS

Coupez :

- Un rectangle de 28 x 9,5 cm dans le simili-cuir parme après l'avoir entoilé.
- Deux rectangles de 15 x 9,5 cm dans le coton fantaisie et dans la ouate.
- Un rectangle de 9 x 6 cm dans le coton fantaisie après l'avoir entoilé.
- Un rectangle de 8 x 8 cm de coton enduit fantaisie.
- Une étoile dans le simili-cuir blanc après l'avoir entoilée. (Photo 1)

2 PRÉPARATION DE LA PATTE DE FERMETURE

Pliez le petit rectangle de coton endroit contre endroit et piquez les bords. Mettez sur l'endroit puis insérez l'aimant plat. Positionnez-le à l'extrémité et au centre de la patte. Emprisonnez-le dans un carré de couture que vous piquerez à l'aide du pied spécial fermeture Éclair après l'avoir préalablement tracé. (Photo 2)

3 PRÉPARATION DE LA FACE EXTÉRIEURE

Après avoir reproduit l'étoile au dos de la face extérieure en simili-cuir (Photo 3), évidez-la avec des ciseaux fins et pointus. (Photo 4)

Collez la pièce de coton enduit au dos de l'étoile, endroit contre envers, puis piquez sur l'endroit, très proche des bords. Appliquez l'étoile blanche au centre du motif. (Photo 5)

Cousez les deux sequins, l'un sur l'autre en une fois.

Dessinez les volutes à la craie, puis brodez-les au point de couchure, avec 4 fils de base violet et 4 fils de maintien fuchsia. (Photos 6 et 7)

1

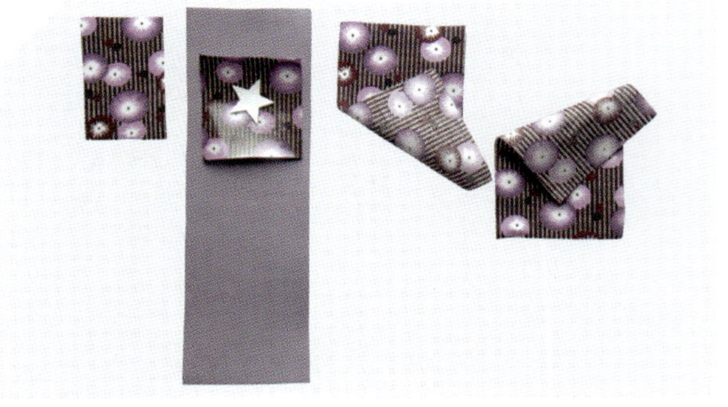

2

3

4

5

6

7

8

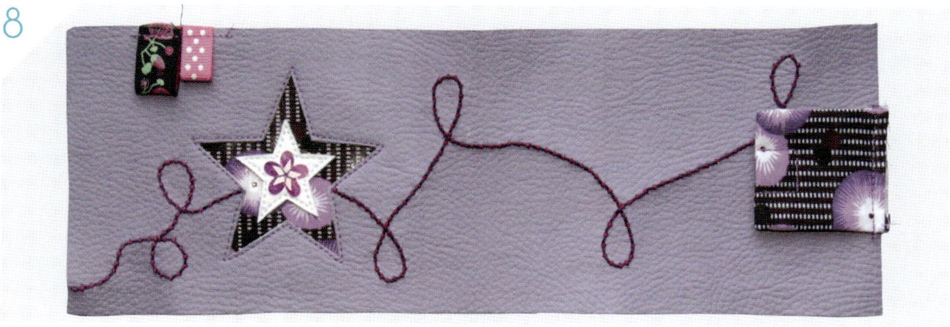

9

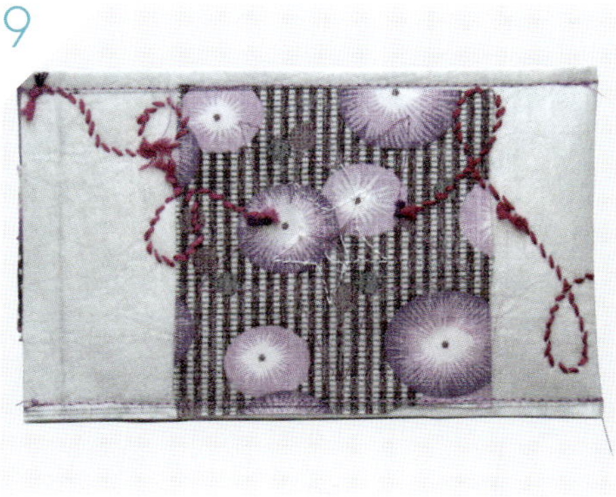

10

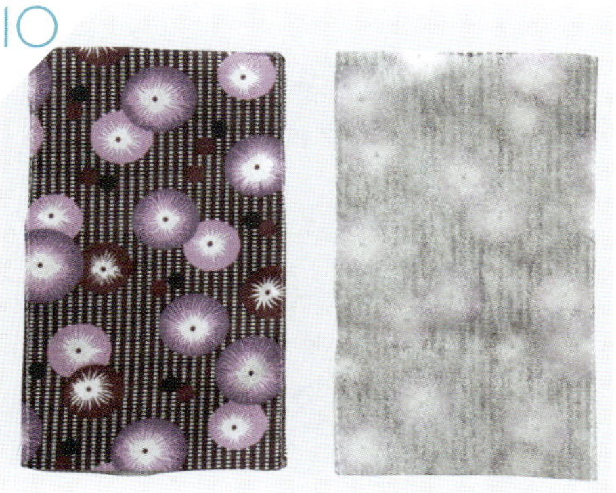

11

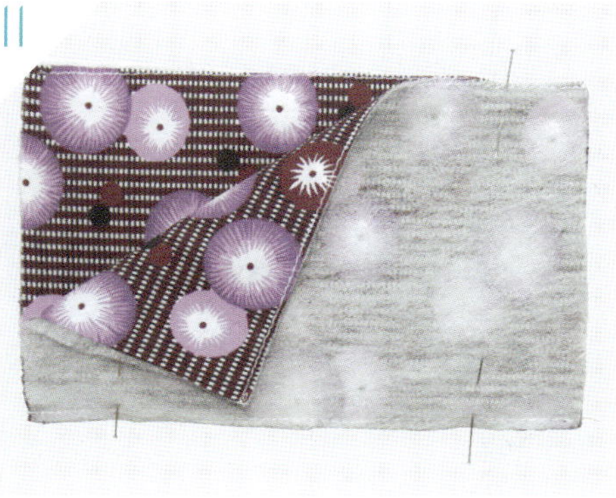

12

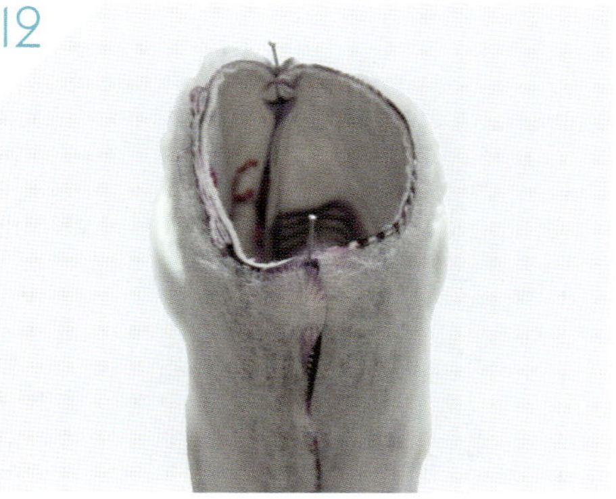

13

Piquez la patte de fermeture au milieu de l'extrémité opposée à l'étoile, proche du bord.

Après avoir plié en deux les chutes de ruban, cousez les sur un côté avec une couture proche du bord. (Photo 8)

Pliez votre pièce de simili-cuir en deux, endroit contre endroit, puis piquez sur les lignes de tracé. (Photo 9)

Passez votre ouvrage sur l'endroit.

4 PRÉPARATION DE LA DOUBLURE

Piquez la ouate sur l'envers des deux pièces de doublure, proche des bords. Coupez la ouate qui dépasserait. (Photo 10)

Épinglez ces deux pièces de doublure endroit contre endroit, puis piquez les deux grands côtés de sorte qu'il y ait une distance de 7,5 cm entre les deux coutures. (Photo 11)

5 ASSEMBLAGE FINAL ET FINITIONS

Insérez votre étui en simili-cuir à l'intérieur du tube de doublure, endroit contre endroit. Faites correspondre les coutures en les épinglant. Piquez le haut de l'étui. (Photo 12)

Mettez votre ouvrage sur l'endroit en positionnant correctement la doublure. Faites une couture sur tout le pourtour de l'ouverture, à 3 mm des bords, avec un point un peu plus large.

Par l'ouverture laissée au fond de la doublure, insérez l'aimant plat. Faites-le migrer sur l'avant de l'étui et au milieu de l'extrémité supérieure. Tracez un carré dans lequel vous emprisonnerez l'aimant.

Piquez sur le tracé à l'aide du pied spécial fermeture Éclair. (Photo 13)

Fermez la doublure de l'étui à la main, à points glissés.

L'ÉTUI À LUNETTES *signalétique*

Pour y ranger ses lunettes de vue ou de soleil, cet étui soigné existe en deux versions : pour femme et pour homme.

LES FOURNITURES :

- 34 x 10 cm de simili-cuir aubergine (modèle femme) ou argent (modèle homme) (l'extérieur)
- Un coupon de 25 x 20 cm de coton fantaisie (la doublure et l'étiquette décorative)
- Des chutes de simili-cuir pour le décor, vert et orange (modèle femme) ou rouge (modèle homme) (le décor)
- Des chutes d'entoilage thermocollant de type Vlieseline H250
- Un bouton de 22 mm de diamètre avec deux trous, orange (modèle femme) ou bleu (modèle homme) (la fermeture)
- 40 cm de ruban orange en 3 mm de large (modèle femme) (la fermeture)
- 40 cm de queue de rat bleu (modèle homme) (la fermeture)
- Trois perles aubergine (modèle femme)
- Deux écrous et une vis papillon (modèle homme)
- Deux œillets de 4 mm (facultatif)

Avant de commencer...

Les pièces de tissus étant rectangulaires, elles ne nécessitent pas de patron. Coupez-les à la taille indiquée.

Les appliqués sont à reproduire à la taille figurant sur le patron.

DIFFICULTÉ :
**

Planche : VERSO
Patron : TURQUOISE

COMMENT FAIRE ?

1 Coupez toutes les pièces de tissu :

– 34 x 10 cm dans le simili-cuir aubergine ou argent

– 2 x (18 x 10 cm) dans le coton fantaisie

– 4 x 6 cm dans le coton fantaisie

La silhouette de femme et la fleur dans les simili-cuirs vert et orange après les avoir renforcés d'entoilage thermocollant (modèle femme). (Photo 1)

La silhouette d'homme dans le simili-cuir rouge après l'avoir renforcé d'entoilage thermocollant (modèle homme). (Photo 2)

2 Appliquez la silhouette sur le rectangle de simili, de façon à ce que le haut de la tête se situe à 3 cm du bord supérieur pour la femme et 1,5 cm du haut des cheveux pour l'homme. Appliquez ensuite la fleur en partant du centre vers chaque pétale.

Cousez le bouton à l'emplacement de la tête. (Photos 3 et 4)

3 Faites deux trous à l'arrière de l'étui à 3,5 cm du bord supérieur et 3,25 cm des bords extérieurs. (Photo 5)

astuce

Si vous le souhaitez, vous pouvez poser des œillets en suivant les explications du fabricant, mais les œillets ne sont pas indispensables au bon fonctionnement de l'étui. Ils permettent simplement d'avoir de belles finitions. (Photo 6).

4 Superposez les deux rectangles de coton fantaisie, endroit contre endroit, et piquez les longueurs. Veillez à ce qu'il y ait 8 cm entre les deux coutures.

Pour l'étiquette, pliez la petite pièce de coton fantaisie en deux, endroit contre endroit, dans le sens de la largeur. Piquez les côtés. Retournez sur l'endroit. (Photo 7)

1

2

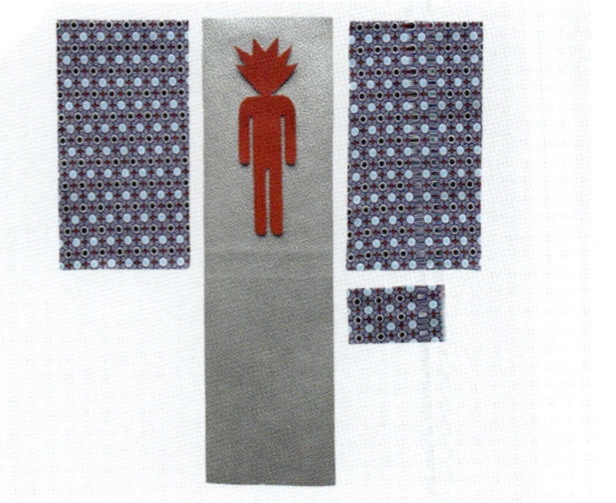

3

4

5

6

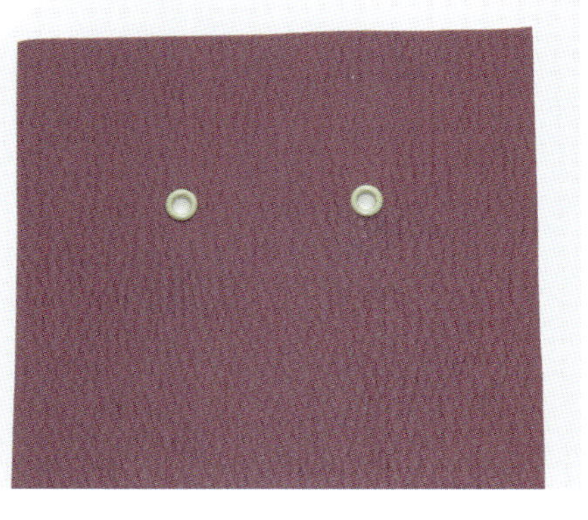

7

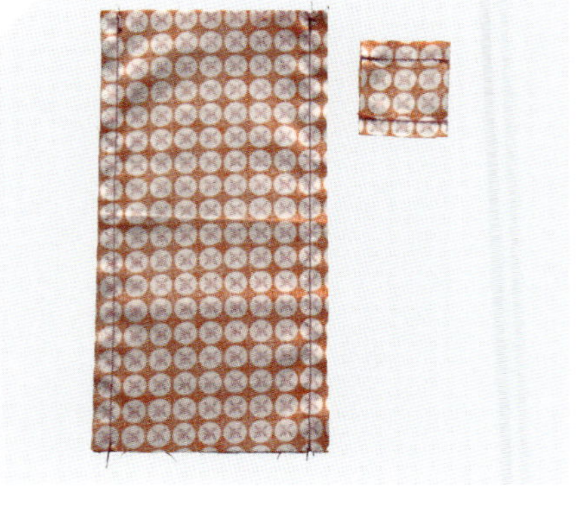

8

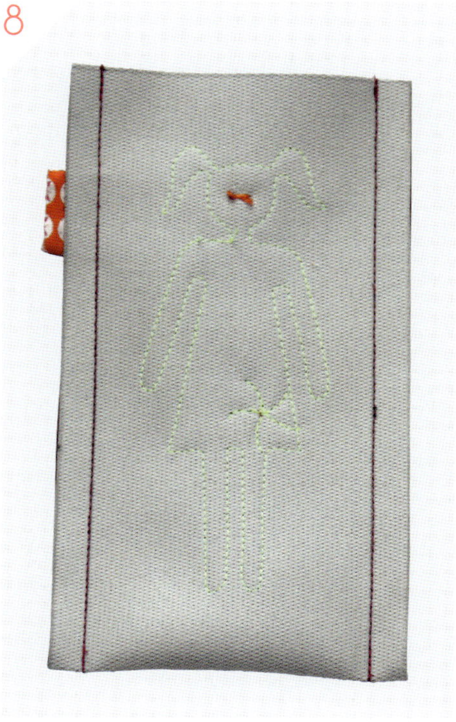

9

10

5 Pliez la pièce de simili-cuir en deux, endroit contre endroit, et insérez l'étiquette. Piquez les longueurs. Veillez à conserver un écart de 8 cm entre les deux coutures. Retournez sur l'endroit. (Photo 8)

6 Insérez la pochette en simili-cuir à l'intérieur de la doublure, endroit contre endroit en faisant coïncider les coutures. Piquez la partie supérieure de l'étui. (Photo 9)

Passez l'ouvrage sur l'endroit. (Photo 10)

Arrangez la doublure à l'intérieur de l'étui puis faites une couture décorative sur le pourtour de l'ouverture, à 5 mm du bord, avec un point un peu plus large. (Photo 11)

11

12

7 Passez le ruban ou la queue de rat dans les trous à l'arrière de l'étui (photo 12). Faites se rejoindre les deux extrémités dans une perle ou une vis papillon. Insérez une perle ou un écrou dans chaque extrémité en terminant par un nœud. (Photo 13)

8 Fermez la doublure de l'étui à la main grâce à quelques points glissés.

13

LE COMPAGNON *bucolique*

Les nombreux rangements de ce compagnon vous permettent d'y placer à la fois l'argent, le chéquier, les cartes et les papiers. Il est tellement complet et élégant qu'il peut même remplacer le sac à main.

LES FOURNITURES :

- 40 x 25 cm de simili-cuir pailleté noir (la couverture)
- 40 x 40 cm (ou 20 x 70 cm) de PVC souple noir (la doublure des trois rabats et de la couverture)
- 20 x 12 cm de coton fantaisie (le rabat « chéquier »)
- 40 x 25 cm de coton fantaisie (le rabat « cartes »)
- 20 x 10 cm de coton fantaisie (le rabat « monnaie »)
- 20 x 10 cm de plastique cristal (le rabat « monnaie »)
- 20 x 10 cm d'entoilage thermocollant de type Vlieseline H250 (les éléments du décor et le renfort fermoir)
- Une fermeture Éclair de 15 cm
- 60 cm de biais (bordure des rabats)
- Un fermoir aimanté
- Des chutes de simili-cuir vert, orange, noir, aubergine, turquoise rose et jaune (le décor)
- Des fils de mouliné DMC : turquoise (3845), rose (600), vert (907), jaune (973), orange (608) et parme (3836) (la broderie)

Avant de commencer…

Le patron de la pièce en simili-cuir est donné coutures non-comprises. Rajoutez 1 cm de marge de couture. Les autres pièces de tissus étant rectangulaires, reproduisez-les à la taille demandée.

Les appliqués sont à reproduire à la taille figurant sur le patron.

Les explications concernant la broderie sont sur la planche patron.

DIFFICULTÉ :
***

Planche : **VERSO**
Patron : **VIOLET**

COMMENT FAIRE ?

1 LA COUVERTURE ET SON DÉCOR

Coupez la couverture dans le simili-cuir pailleté noir en rajoutant 1 cm de marge de couture. Marquez au crayon les lignes de pliure.

Après les avoir renforcées d'entoilage thermocollant, coupez toutes les pièces du décor dans les chutes de simili-cuir colorés. (Photo 1)

Commencez par appliquer la partie principale du nichoir. Pour cela, repérez le milieu du rabat du compagnon, puis fixez la partie à appliquer à la colle blanche à 2,5 cm du bord inférieur. Piquez au point droit le plus près possible des bords de la pièce, au pied Téflon. (Photo 2)

conseil

Lors du décor du rabat du compagnon, veillez à na pas être trop proche de la pliure supérieure et des marges de couture de 1 cm.

Collez, puis piquez les quatre autres pièces du nichoir en suivant une logique d'empilement. (Photos 3, 4 et 5)

Pour les oiseaux, repérez l'emplacement du corps en veillant à laisser de la place pour la queue brodée. Commencez par coller puis piquer le bec (Photo 6), le corps (Photo 7) et enfin l'aile (Photo 8). Faites ainsi pour les trois oiseaux (Photo 9).

Au marker permanent, faites un point pour marquer l'œil de chaque oiseau.

1

2

3

4

5

6

7

8

9

10

11

12

13

14

15

16

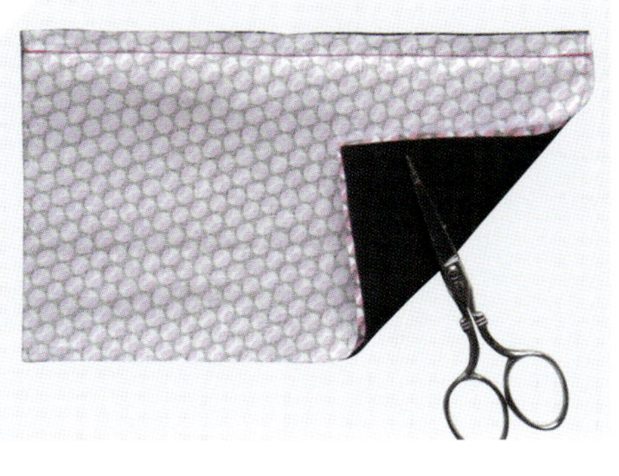

17

Dessinez les éléments du décor à broder au crayon blanc (lien du nichoir, plumes et pattes des oiseaux). (Photo 10)

Brodez-les au point de tige avec deux fils de mouliné en suivant les codes couleurs du patron. (Photo 11)

2 LE RABAT « CHÉQUIER »

Dans le coton fantaisie choisi et le PVC, coupez un rectangle de 19,5 x 11,5 cm. Coupez 19,5 cm de biais. (Photo 12)

Superposez les deux pièces, envers contre envers, puis solidarisez les quatre côtés par un point zig-zag. Ouvrez le biais puis épinglez-le sur le côté long de la poche, face PVC. (Photo 13) Piquez légèrement à l'intérieur de la ligne de pliure du biais. Rabattez le biais sur l'endroit puis piquez le long du bord. (Photo 14)

3 LE RABAT « CARTES »

Dans le coton fantaisie choisi, coupez trois rectangles de 19,5 x 11 cm et un rectangle de 19,5 x 11,5 cm. Dans le PVC, coupez un rectangle de 19,5 x 11,5 cm. Coupez 19,5 cm de biais. (Photo 15)

Superposez les deux pièces en coton et en PVC de 19,5 x 11,5 cm, endroit contre endroit. Piquez sur un long côté, à la largeur du pied de biche. (Photo 16)

Retournez sur l'endroit puis solidarisez les trois autres côtés par un point zig-zag. Vous obtenez ainsi le support du rabat. (Photo 17)

18

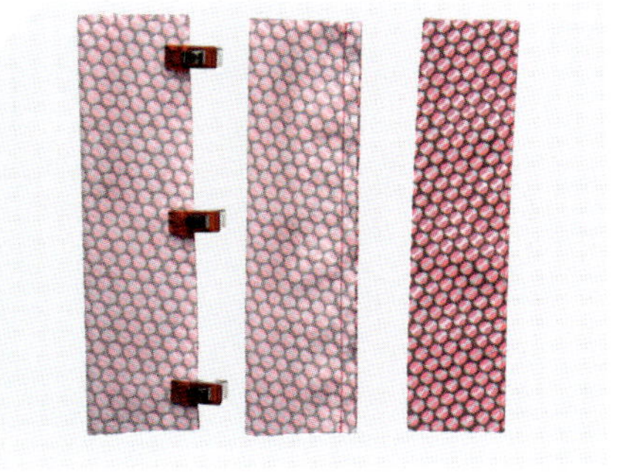

19

Pliez dans la longueur, endroit contre endroit, les trois rectangles de 19,5 x 11 cm. Piquez la grande longueur à la largeur du pied de biche. Retournez sur l'endroit les trois cylindres obtenus. Aplatissez-les au fer puis faites une couture décorative le long du grand côté dépourvu de couture. (Photo 18)

Répartissez les trois bandes sur le support du rabat en commençant par le haut (la partie du support assemblée au point droit à la doublure), de sorte qu'il y ait 2 cm entre le haut du support et le haut de la première poche. Piquez le bas de la première poche. (Photo 19)

Superposez la deuxième poche à 2 cm du haut de la première. Piquez le bas de la deuxième poche. (Photo 20)

Enfin, superposez la troisième poche à 2 cm du haut de la deuxième. Piquez le bas de la troisième poche. (Photo 21)

Solidarisez les côtés des poches par un point zig-zag. Marquez l'emplacement de la séparation centrale des poches puis piquez-la. Épinglez le biais ouvert au bas de la troisième poche, côté PVC (Photo 22). Piquez légèrement à l'intérieur de la ligne de pliure du biais. Rabattez le biais sur l'endroit puis piquez le long du bord. (Photo 23).

20

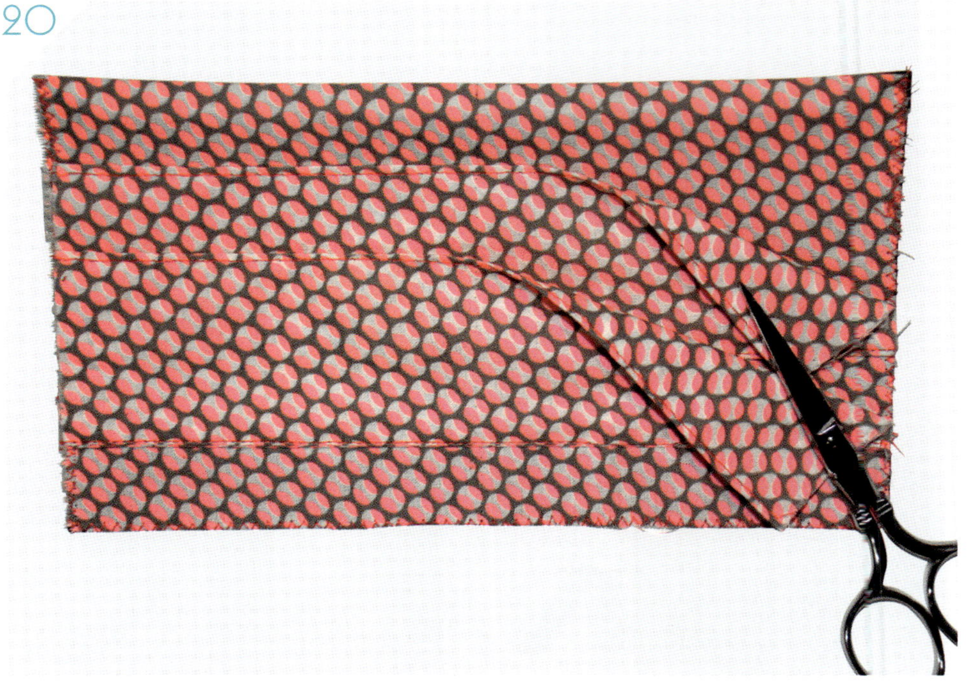

21

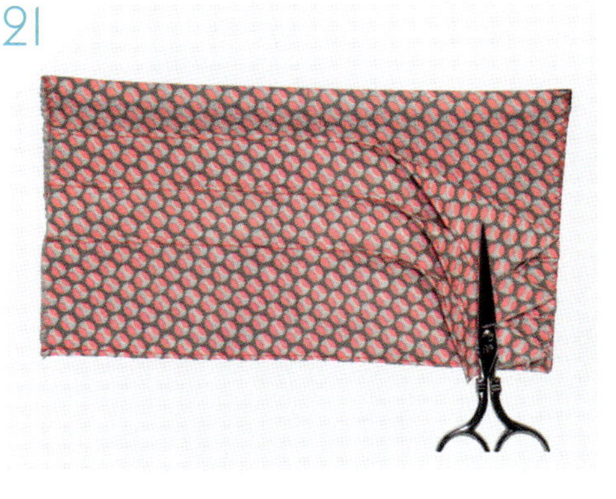

22

23

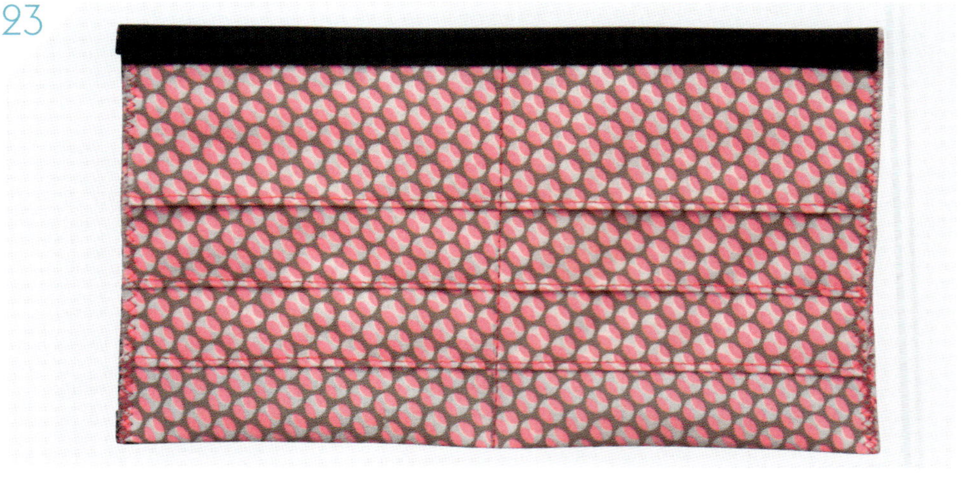

24

25

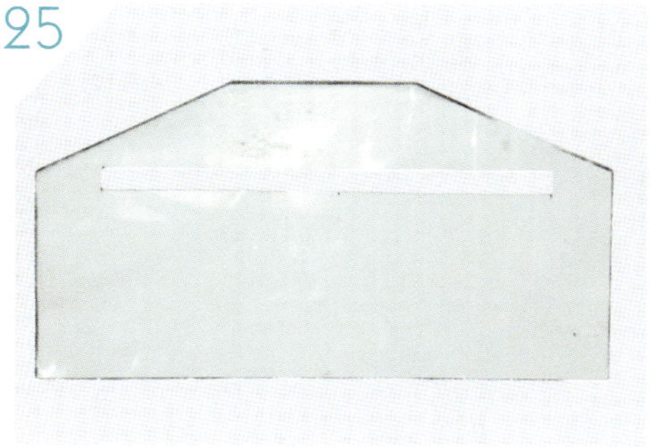

26

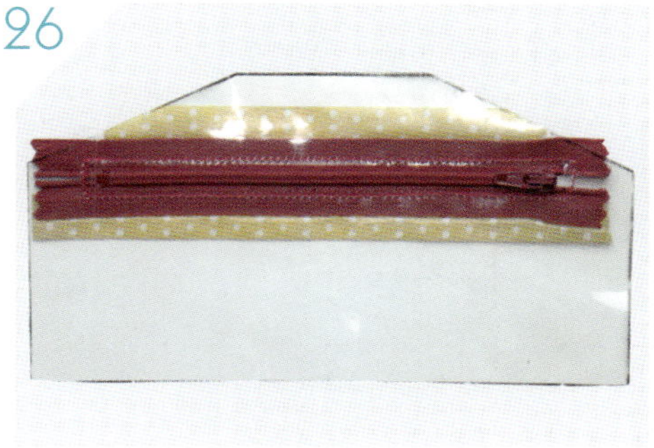

27

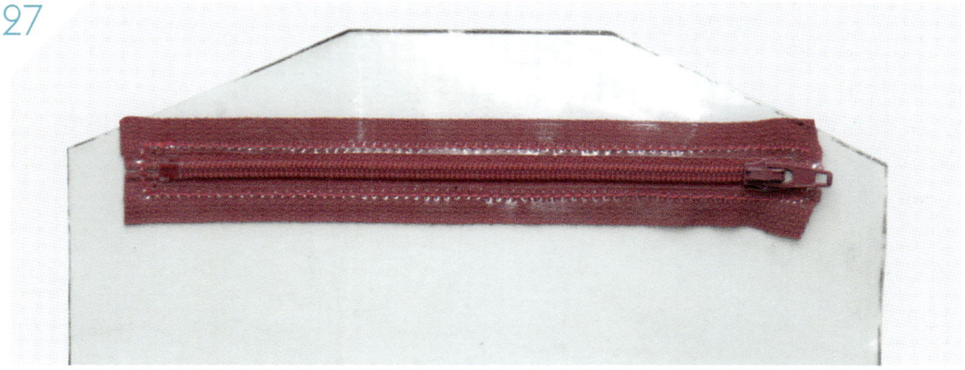

28

29

30

4 LE RABAT « MONNAIE »

À l'aide du patron, coupez la pièce correspondant au rabat « monnaie » dans le coton fantaisie choisi, le PVC et le plastique cristal, sans rajouter de marge de couture. Coupez 19,5 cm de biais. (Photo 24)

Dans le plastique cristal, tracez une ouverture de 15,5 cm de long et 0,75 cm de large, à 3 cm du haut de la poche et centrée. Évidez la pièce à l'aide de petits ciseaux pointus. (Photo 25)

Positionnez la fermeture Éclair dans cette ouverture, puis, le temps de la couture, fixez-la à l'aide de ruban adhésif. Piquez tout le tour de l'ouverture avec le pied spécial fermeture Éclair en Téflon. (Photo 26). Retirez le ruban adhésif puis coupez les surplus de ruban de la fermeture Éclair. (Photo 27)

Superposez les trois pièces du rabat : envers du plastique cristal sur l'endroit du coton fantaisie, envers du coton fantaisie sur l'envers du PVC. Solidarisez les côtés au point zig-zag. (Photo 28)

Épinglez le biais ouvert sur le bas du rabat, côté PVC. (Photo 29). Piquez légèrement à l'intérieur de la ligne de pliure du biais. Rabattez le biais sur l'endroit puis piquez le long du bord. (Photo 30)

31

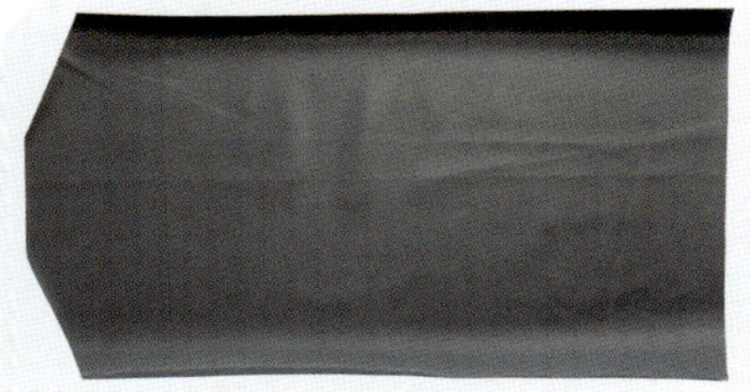

5 MONTAGE FINAL

A l'aide du patron, coupez dans le PVC la doublure du compagnon, sans rajouter de marge de couture. (Photo 31)

Sur l'endroit de la doublure en PVC, épinglez le rabat « monnaie » puis le rabat « chéquier » aux deux extrémités. Centrez enfin le rabat « cartes » en veillant à positionner le biais côté rabat « chéquier ». (Photo 32)

Solidarisez le tout grâce à un point zig-zag tout le tour. (Photo 33)

Fermez le haut du rabat « cartes » par un point droit proche du bord. (Photo 34)

Si besoin, coupez l'excédent des rabats qui dépasserait du dos de la doublure, puis refaites un point zig-zag tout le tour. (Photo 35)

32

33

34

35

36

37

38

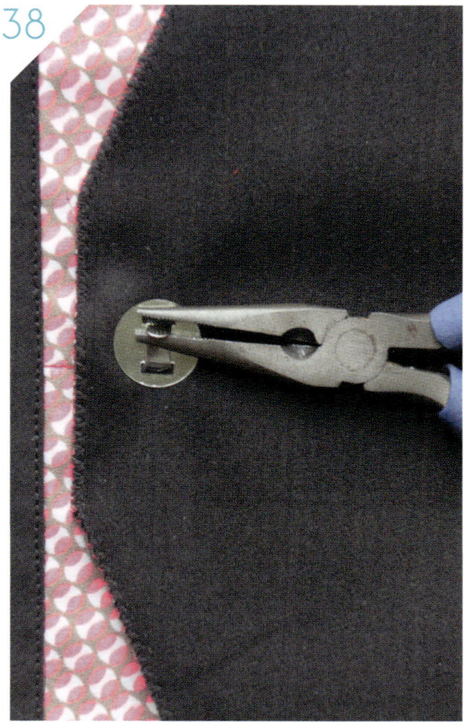

39

40

Installez la partie mâle du fermoir aimanté sur le rabat « monnaie ». Veillez à ce qu'il soit centré et positionné à au moins 1 cm du bord afin de laisser de la place au rabat de la couverture. Après avoir repéré l'emplacement, appuyez sur le fermoir afin que les ailettes marquent le plastique (Photo 36). Incisez à l'emplacement des deux marques à l'aide des ciseaux pointus (Photo 37). Insérez le fermoir. Glissez au dos la plaque dans les ailettes puis rabattez-les avec une pince. (Photo 38)

Afin de ne pas vous tromper quant à l'emplacement de la partie femelle du fermoir sur l'endroit de la couverture, installez l'intérieur du compagnon sur la couverture, envers contre envers. Rabattez l'excèdent de couture sur la doublure et fixez avec des pinces. Ainsi, vous simulez et repérez l'emplacement du fermoir (Photo 39). Une fois l'emplacement repéré, fixez une pièce d'entoilage thermocollant au dos afin de renforcer cette partie. Fixez la partie femelle du fermoir comme la partie mâle. (Photo 40)

Afin d'éliminer les épaisseurs de simili dans les angles de la couverture du compagnon, prolongez au crayon les traits délimitant l'emplacement de l'intérieur du compagnon. Coupez les quatre angles obtenus soit sur le trait, soit légèrement en dedans (haut du compagnon) soit légèrement en dehors (bas du compagnon) en vous aidant des photos. Les parties hachurées en rouge sont à éliminer. Vous entaillerez également les deux lignes du rabat. (Photos 41, 42 et 43)

Installez de nouveau l'intérieur du compagnon sur la couverture. Rabattez les grandes longueurs de la couverture sur l'intérieur du compagnon à l'aide des pinces. Piquez avec un point un peu plus large à 1-2 mm du bord (Photo 44). Rabattez ensuite le bas du compagnon, puis le haut en commençant par la partie centrale, les deux parties latérales venant se rabattre par-dessus (Photo 45). Piquez (Photos 46 et 47).

41

42

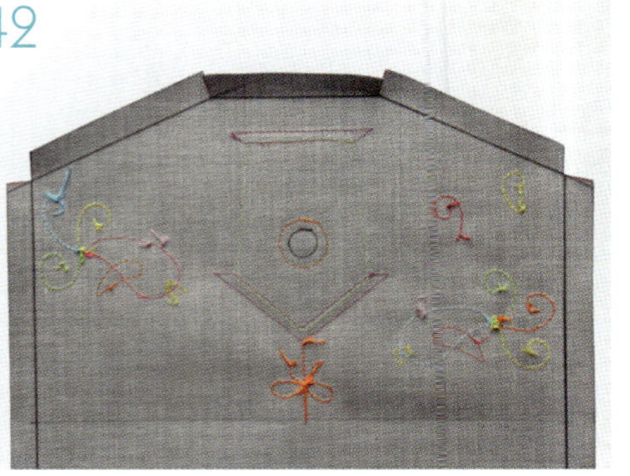

43

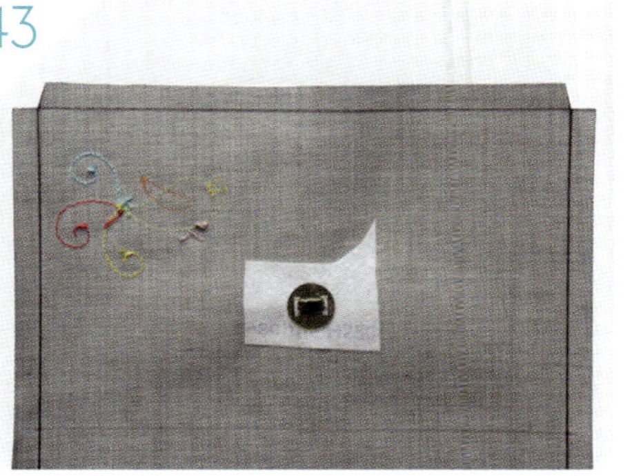

44

45

46

47

LES ACCESSOIRES DE VOYAGE

LA VALISETTE *champêtre*

Raffinée et colorée, cette valisette possède des dimensions parfaites pour s'évader le temps d'un week-end.

LES FOURNITURES :

Pour l'extérieur :
- 110 x 50 cm de simili-cuir épais noir (dessus, dessous, tour)
- 35 x 15 cm de simili-cuir épais gris-argent (arrière)

Pour la doublure :
- 110 x 65 cm de coton fantaisie
- 110 x 65 cm de molleton

Pour rigidifier :
- 100 x 50 cm de jeffytex ou de sous-couche de parquet

Pour le passepoil :
- 33 x 33 cm de coton fantaisie
- 2,70 cm de cordelette de 3 mm de diamètre

Pour les anses :
- 1 m de sangle noire de 4 cm de large
- 76 cm de tuyau de 8 mm de diamètre extérieur

Pour la fermeture :
- 1,10 m de fermeture Éclair en spirale
- 2 curseurs

Pour le décor :
- Des chutes de simili-cuir, de coton enduit, de coton fantaisie
- Des fils de mouliné vert (DMC 906), vert-jaune (DMC 166), vert pomme (DMC 907), vert foncé (DMC 700), kaki (DMC 580), rose (DMC 3805), orange (DMC 720), bleu turquoise (DMC 3844), jaune (DMC 307), jaune pale (DMC 445), rouge (DMC 666), gris (DMC 3024) et blanc
- Des chutes de vliesline
- Une chute de plastique cristal
- Une chute de coton uni
- Un tampon de son choix
- De la peinture pour textile

Avant de commencer...

Le patron du dessus (et donc du dessous) de la valise est donné coutures non-comprises. Pour les autres pièces de tissus, s'agissant de pièces rectangulaires, reproduisez-les à la taille indiquée. Une marge de couture de 1 cm est comprise.

Les appliqués sont à reproduire à la taille figurant sur le patron.

Les explications concernant la broderie sont sur la planche patron.

DIFFICULTÉ :
****

Planche : **VERSO**
Patron : **ROSE**

COMMENT FAIRE ?

1 COUPE DES DIFFÉRENTES PIÈCES COMPOSANT LA VALISETTE

Pour toutes les pièces, pensez à marquer les repères de milieu.

Dans le simili-cuir noir : un dessus et un dessous, 103 x 13,5 cm pour le tour.

Dans le simili-cuir gris-argent : 35 x 15 cm pour l'arrière. Dans la doublure et le molleton : un dessus et un dessous, 103 x 12, 5 cm pour le tour, 35 x 14 cm pour l'arrière (Photo 1).

2 COUPE DES DIFFÉRENTES PIÈCES DU DÉCOR

Entoilez préalablement toutes les pièces

Pour le tour, coupez 14 cercles de 3 cm de diamètre dans différentes toiles enduites.

Pour le dessus, coupez les différentes pièces composant les fleurs et la libellule, en jouant sur les motifs et les matières. (Photo 1)

Pour le dessous, coupez 4 cercles de diamètres différents : un de 6 cm dans un coton enduit, un de 5 cm que vous cranterez dans un autre coton enduit, un de 3,5 cm dans un coton au centre duquel vous ferrez un tampon avec de l'encre pour textile, un de 3,5 cm dans du plastique cristal. (Photo 2)

3 RÉALISATION DU DÉCOR DU DESSUS DE LA VALISETTE

Brodez l'intérieur des fleurs selon le modèle du patron.

Appliquez les différentes pièces de chaque fleur les unes sur les autres selon une logique d'empilement, avec un point droit proche du bord. (Photo 3)

1

2

3

4

5

Appliquez les fleurs ainsi que la libellule aux emplacements prévus sur le dessus de la valisette, au point droit s'il s'agit de simili-cuir ou de tissu enduit, au point de bourdon étroit et serré s'il s'agit de coton. (Photo 4)

Dessinez les tiges et la volute au crayon à encre effaçable, puis brodez-les en suivant les explications du patron. (Photo 5)

6

7

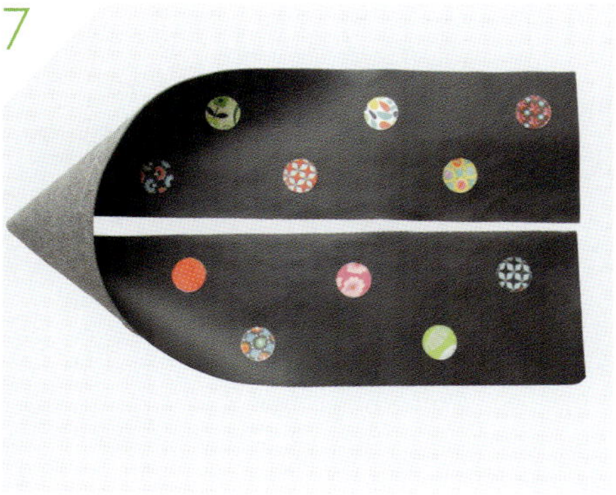

8

9

10

11

12

Appliquez en dernier lieu les cercles composant le pissenlit. (Photo 6)

4 RÉALISATION DU DÉCOR DU TOUR DE LA VALISETTE

Après avoir réparti les cercles de coton enduit tout le long du tour de la valisette, fixez-les avec du ruban peu adhésif, puis appliquez-les au point droit (Photo 7).

5 RÉALISATION DU DÉCOR DU DESSOUS DE LA VALISETTE

Après avoir appliqué le cercle de 5 cm de diamètre sur le plus grand, superposez la pièce tamponnée, puis la pièce en plastique cristal. Maintenez le tout à l'aide de ruban peu adhésif, puis cousez au point de bourdon. (Photo 8)

Appliquez au point droit sur le dessous de la valisette. (Photo 9)

astuce

Lors du montage intérieur et extérieur de la valisette, veillez à démarrer et à finir toutes vos coutures à 1 cm des bords.

6 RÉALISATION DE LA VALISETTE EN DOUBLURE

Épinglez le molleton au dos des quatre pièces de doublure puis piquez à points larges proche des bords. Coupez l'éventuel excédent de molleton (Photo 10).

À l'aide du patron, sur les pièces de dessus et de dessous, marquez les repères de milieu et de l'arrière qui seraient masqués par le molleton. Épinglez puis piquez le dessus avec l'arrière, endroit contre endroit, en faisant correspondre les repères. (Photo 11)

Épinglez puis piquez le tour avec le fond, endroit contre endroit, en faisant correspondre les repères. (Photo 12)

Épinglez puis piquez la pièce dessus-arrière avec la pièce dessous-tour, endroit contre endroit, en commençant par piquer la longueur de la pièce, en laissant une ouverture de 20 cm pour pouvoir passer l'ouvrage sur l'endroit après le montage final. Piquez enfin les hauteurs. (Photo 13)

7 CONFECTION DES ANSES

Coupez la sangle de façon à obtenir deux morceaux de 50 cm chacun. Faites de même avec le tuyau afin d'obtenir deux morceaux de 38 cm. (Photo 14)

Pliez la sangle dans le sens de la longueur. Épinglez puis piquez solidement, très proche des bords en démarrant et terminant la couture à 6 cm des extrémités. (Photo 15)

Insérez le tuyau dans le tunnel ainsi formé. (Photo 16)

Votre anse est prête. (Photo 17)

Faites de même pour la deuxième anse.

8 FABRICATION ET POSE DU PASSEPOIL

Fabriquez 2,68 m de passepoil de 4 cm de large dans un carré de coton de 33 cm de côté (voir « comment fabriquer un passepoil » page 9).

Épinglez le passepoil sur le pourtour du dessus et du dessous de la valisette, sur l'endroit. Faites en sorte que le bourrelet du passepoil se trouve à 1 cm des bords, et que le raccord se situe au niveau arrière de chaque face.

Crantez le passepoil dans les arrondis si nécessaire. (Photo 18)

Pour le raccord du passepoil, coupez une extrémité un peu plus longue. (Photo 19)

13

14
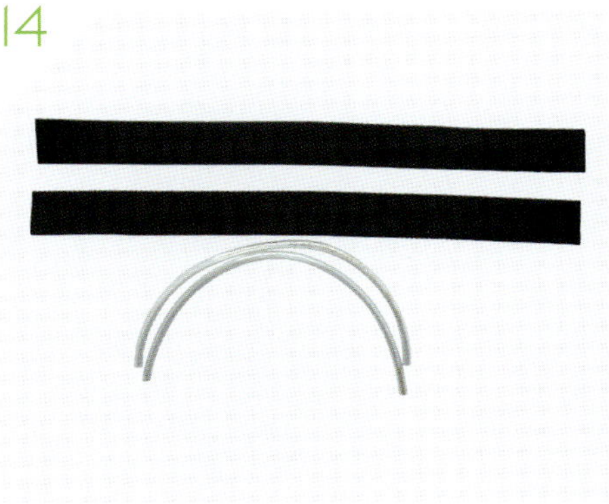

15
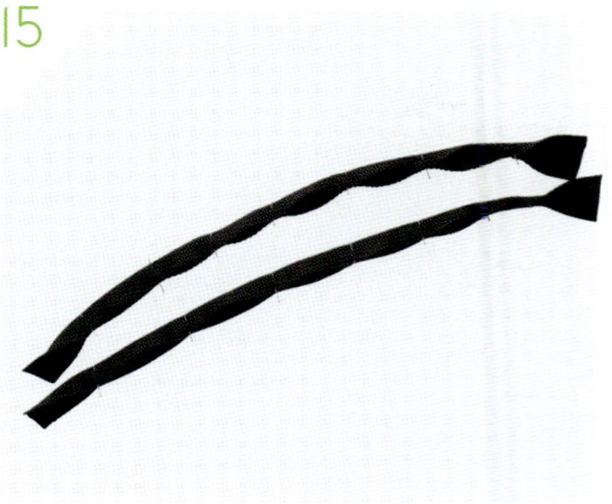

16
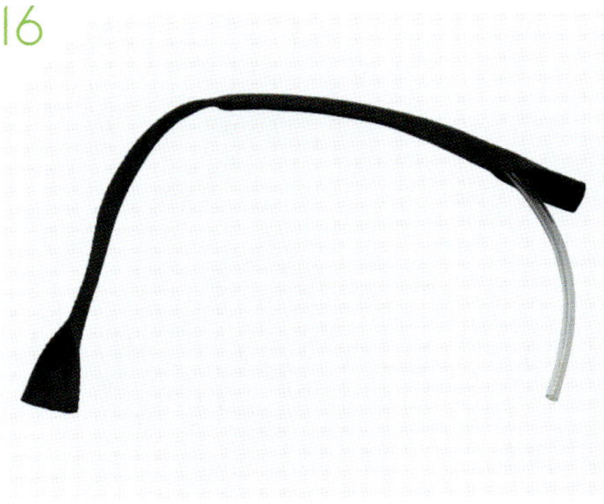

17
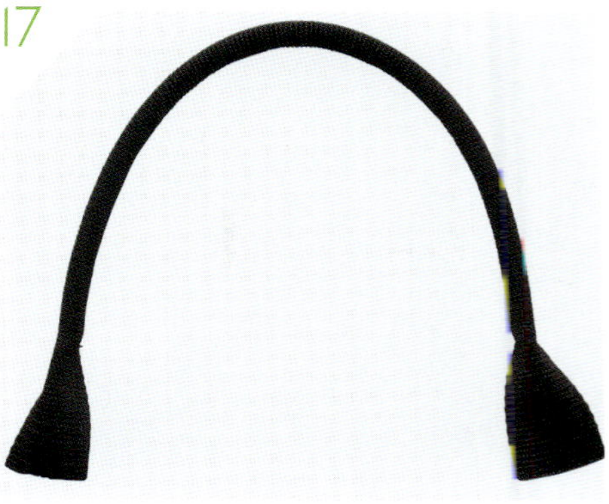

18

19
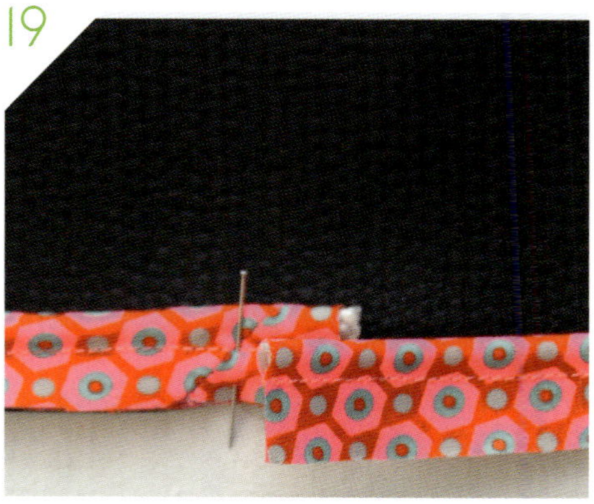

20

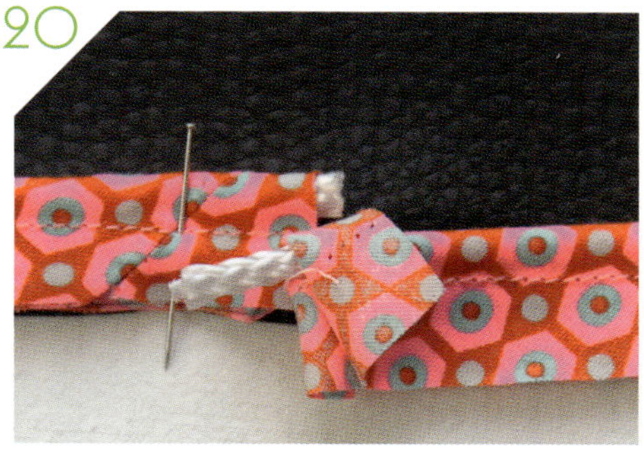

21

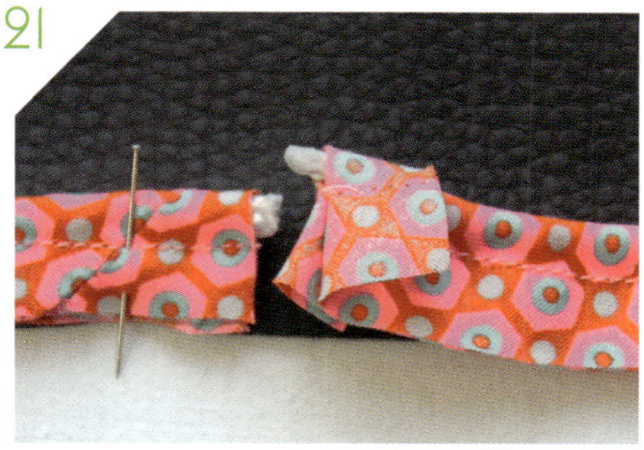

22

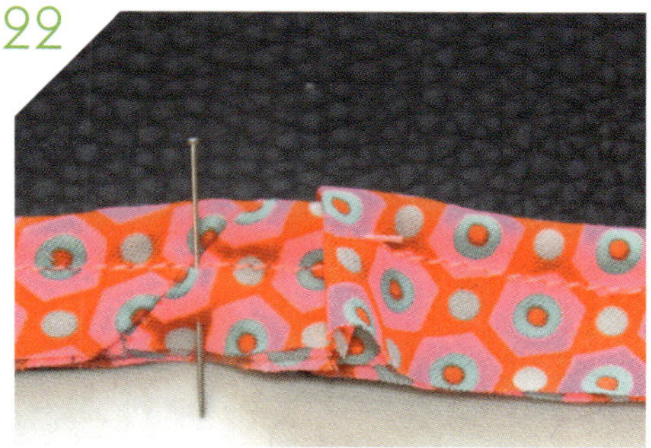

23

24

Ouvrez la couture du passepoil (Photo 20) et coupez la cordelette de façon à ce qu'elle arrive en vis-à-vis de l'autre. (Photo 21)

Faites un rentré avec l'excédent de tissu et enchâssez l'autre extrémité. (Photo 22)

Cousez le passepoil avec le pied spécial fermeture Éclair.

9 POSE DU HAUT DE LA FERMETURE ÉCLAIR SUR LE DESSUS DE LA VALISETTE

Séparez la fermeture Éclair en deux en enlevant le curseur afin de faciliter la pose.

Sur le dessus en simili de la valisette, veillez à ce que les repères d'emplacement de la pièce arrière et des anses soient visibles. Prenez la pièce du dessus sur l'endroit, puis pliez les bords de façon à ce que le passepoil soit en lisière de la pièce. Épinglez alors un des rubans de la fermeture Éclair sur l'envers de la pièce, de sorte que les dents de la fermeture Éclair dépassent à peine du passepoil. Si nécessaire, crantez la lisière de la fermeture Éclair au niveau des arrondis.

Démarrez et terminez l'épinglage 1 cm à l'intérieur du repère d'emplacement de la pièce arrière. N'oubliez pas d'insérer les anses entre le passepoil et la fermeture Éclair au niveau des repères.

Piquez sur l'endroit grâce au pied spécial fermeture Éclair, le plus près possible du passepoil, en insistant au passage des anses. (Photos 23 et 24)

10 MONTAGE DE LA VALISETTE EN SIMILI ET POSE DU BAS DE LA FERMETURE ÉCLAIR

Épinglez la pièce arrière de la valisette avec le dessus, endroit contre endroit. Piquez. (Photo 25)

Épinglez le tour de la valisette avec le dessous, endroit contre endroit, en faisant correspondre les repères de début et de fin des deux pièces. N'hésitez pas à cranter le tour dans les arrondis si nécessaire. Insérez la anse au niveau des repères. Piquez avec le pied spécial fermeture Éclair en insistant au passage des anses. (Photo 26)

Épinglez, endroit contre endroit, la partie dessus-arrière, avec la partie dessous-tour. Piquez. (Photo 27)

Rassemblez les deux rubans de la fermeture Éclair à l'aide des deux curseurs que vous insérerez tête-bêche. Épinglez le bas de la fermeture Éclair sur le tour, en faisant correspondre les repères de milieu, de début et de fin du tour et du dessus. Crantez la pièce en simili dans les arrondis si nécessaire. (Photo 28)

25

26

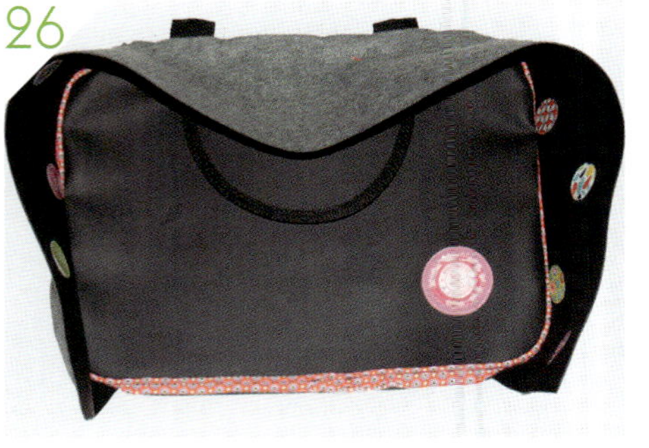

27

28

29

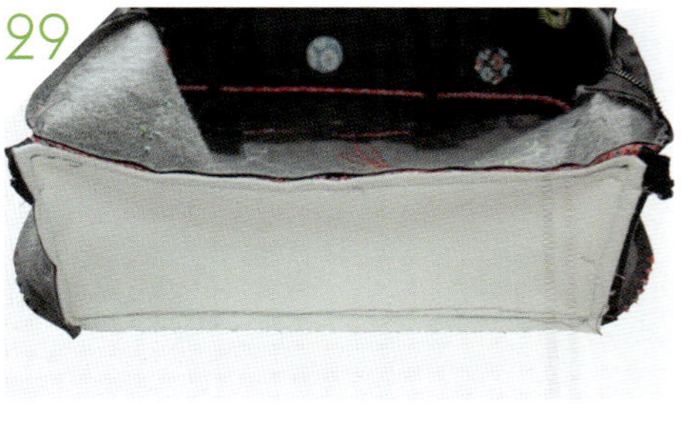

Piquez à 4 - 5 mm du bord de la maille en ouvrant la fermeture Éclair pour plus de facilité.

Épinglez les côtés de l'arrière et du tour de la valisette.

La fermeture Éclair fait partie intégrante du tour de la valisette. (Photo 29)

Piquez en démarrant et en stoppant la couture à l'intersection des coutures précédentes.

Votre valisette en simili est terminée !

30

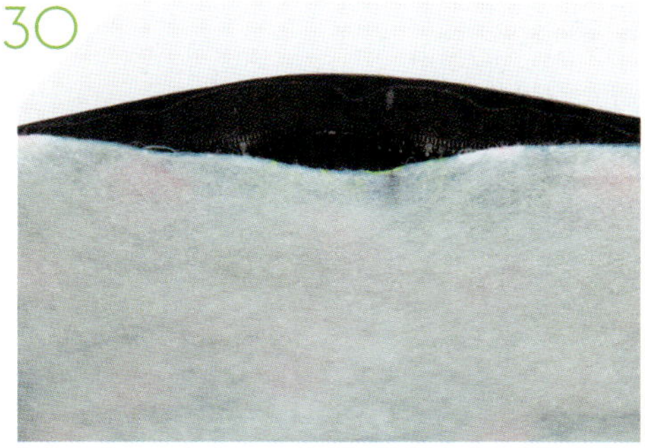

31

32

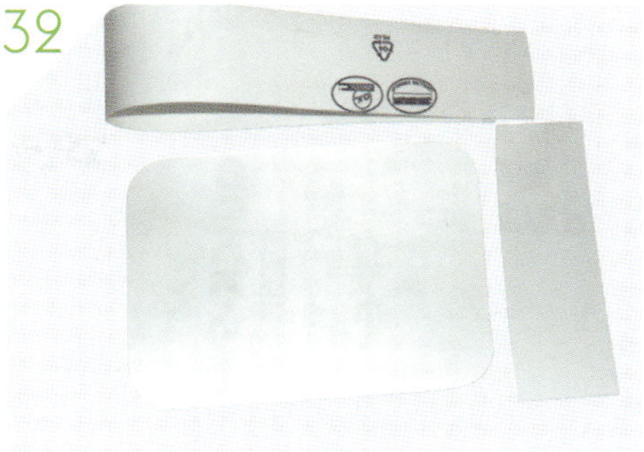

11 MONTAGE DE LA VALISETTE EN SIMILI ET POSE DU BAS DE LA FERMETURE ÉCLAIR

Retournez la valisette en simili-cuir sur l'envers et insérez la valisette en doublure à l'intérieur, endroit contre endroit. Faites entrer la fermeture Éclair à l'intérieur de sorte qu'apparaissent bien les lisières du simili et de la fermeture Éclair. (Photo 30)

Épinglez en faisant coïncider les coutures de l'arrière et les milieux des pièces. (Photo 31)

Piquez la partie inférieure de la valisette, puis la partie supérieure, en suivant la ligne de couture de la fermeture Éclair, et en piquant le plus près possible des extrémités de la fermeture Éclair.

À la jonction entre le dessus et le tour, aux extrémités de la fermeture Éclair, piquez la doublure à l'arrière du curseur. Si vous n'y parvenez pas à la machine, faites une couture à la main.

Passez la valisette sur l'endroit grâce à l'ouverture laissée dans le fond de la doublure.

Si la valisette vous convient ainsi, vous n'avez plus qu'à fermer à la main l'ouverture laissée dans la doublure, grâce à quelques points glissés.

Si vous la trouvez trop souple, rigidifiez-la en vous reportant aux explications du paragraphe suivant.

astuce

Afin de rigidifier la valisette, vous pouvez utiliser du Jeffytex qui n'est pas très bon marché, ou des chutes de sous-couche de parquet qui traînent dans votre grenier.

12 RIGIDIFIER LA VALISETTE

Dans la sous-couche de parquet ou dans le jeffytex, coupez une pièce dessous (40 x 28 cm), une pièce arrière (29 x 10 cm) et une pièce tour (99 x 10 cm). (Photo 32)

Montez la valisette de la même façon que vous l'avez fait pour la valisette en simili-cuir ou en doublure, sauf que vous piquerez à 2-3 mm des bords car ces matières ne se plient pas.

Rentrez ce fond de valisette ainsi formé dans l'ouverture laissée dans la doublure. Vous pouvez alors fermer l'ouverture par quelques points glissés.

LES ÉTIQUETTES *de valise*

Panda, tigre ou chat selon les couleurs choisies, ses étiquettes seront du plus bel effet sur vos bagages tout en évitant qu'ils ne se perdent.

LES FOURNITURES :

Pour le panda

- Une chute de 17 x 11 cm de simili-cuir noir
- Une chute de 8 x 11 cm de simili-cuir blanc
- Un rectangle de 6,5 x 4,5 cm de plastique cristal
- Des chutes d'entoilage thermocollant de type Vlieseline H250
- Du fil mouliné noir (DMC 310)
- Un œillet noir de 0,8 cm de diamètre extérieur
- 30 cm d'élastique rond noir

Pour le tigre

- Une chute de 17 x 11 cm de simili-cuir marron
- Une chute de 8 x 11 cm de simili-cuir jaune
- Un rectangle de 6,5 x 4,5 cm de plastique cristal
- Des chutes d'entoilage thermocollant de type Vlieseline H250
- Du fil mouliné marron (DMC 898)
- Un œillet marron de 0,8 cm de diamètre extérieur
- 30 cm d'élastique rond noir

Avant de commencer...

Les éléments du panda et du tigre sont donnés à la taille réelle.
Seule la pièce de plastique cristal rectangulaire ne figure pas sur la planche patron. Coupez-la à la taille indiquée.

Les explications concernant la broderie sont sur la planche patron.

DIFFICULTÉ :
**
Planche : **VERSO**
Patron : **OCRE**

COMMENT FAIRE ?

1 PRÉPARATION DES GABARITS

Sur de la cartonnette, reproduisez les gabarits de l'animal choisi en évidant consciencieusement le dos, les yeux et le museau. (Photos 1 et 2)

2 COUPE DE TOUTES LES PIÈCES DE TISSU

Tracez le contour des gabarits sur la toile thermocollante, un visage, une silhouette de face, une silhouette à fenêtre pour le dos et une paire d'yeux pour le panda.

Appliquez chaque élément au fer, au dos du simili-cuir qui convient. Découpez en suivant scrupuleusement les contours. Avec une paire de ciseaux pointus, évidez les yeux, le museau et le dos.

Dans le plastique cristal, découpez un rectangle de 7,5 x 5,5 cm. (Photos 3 et 4)

3 PRÉPARATION DE LA PIÈCE DOS

Fixez la pièce de plastique cristal sur l'envers de la fenêtre du dos de l'animal, à l'aide de ruban peu adhésif. Piquez à 2 mm des bords de la fenêtre. (Photos 5 et 6)

4 PRÉPARATION DE LA PIÈCE DEVANT

Dessinez la bouche pour le panda et la bouche et les moustaches pour le tigre, à l'aide d'un crayon à encre effaçable. (Photos 7 et 8)

Brodez en suivant les explications du patron.

1

2

3

4

5

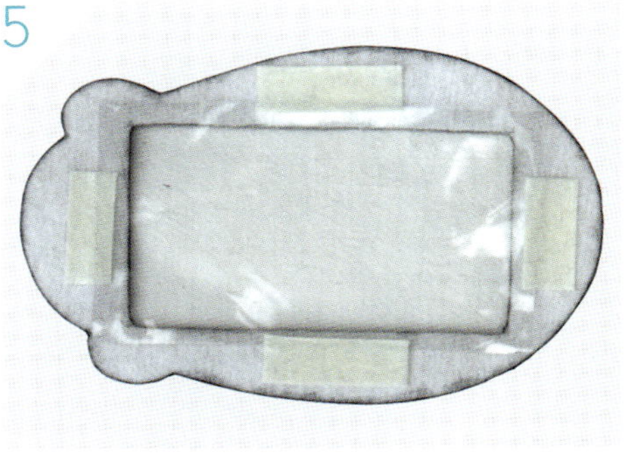

6

7

8

9

10

11

12

13

14

15

16

17

18

Collez la tête sur la silhouette de face, ainsi que les deux yeux pour le panda, puis piquez à 2 mm des bords en suivant les contours de la pièce et des parties évidées. (Photos 9 et 10)

Brodez les pupilles au point lancé à la main, ou au point de zig-zag serré à la machine.

3 MONTAGE FINAL

Sur chaque pièce devant et dos, marquez par des repères l'emplacement de l'ouverture de l'étiquette. (Voir le patron)

Piquez séparément chacune des faces entre les deux repères, à 2 mm du bord. (Photos 11 et 12)

Cette couture est uniquement esthétique et vise à masquer l'emplacement de l'ouverture.

Solidarisez envers contre envers les deux parties de l'animal à l'aide de trombones ou de pinces. (Photos 13 et 14)

Piquez à 2 mm des bords sans repasser sur la couture correspondante à l'ouverture du porte-étiquette.

Installez l'œillet en suivant les explications du fabricant.

Pliez les 30 cm d'élastique rond en deux puis faite un nœud à l'extrémité.

Passez la ganse dans l'œillet, puis passez le nœud dans la ganse. Tirez... c'est fait ! (Photos 15, 16, 17 et 18)

LE MARQUE-PAGE
Paname

De forme simple, ce marque-page pourra être décliné à l'infini, adapté à la personne à laquelle il est destiné. Les motifs pourront être brodés, appliqués, découpés ou encore peints… Laissez libre cours à votre imagination.

LES FOURNITURES :

- Des chutes de simili-cuir orange, noir et jaune
- Une chute de PVC noir (la tour Eiffel)
- 7 cm de ruban de 1 cm de large
- Des chutes de 3 cm de ruban noir (x 3), orange (x 3) et jaune (x 2) en 0,3 cm de large
- Des sequins : 3 ronds noirs (yeux), 10 étoiles jaunes, 6 ronds oranges et 4 fleurs noires
- Des fils de mouliné noirs (DMC 310) pour la broderie
- Une chute d'entoilage thermocollant de type Vlieseline H250.

Avant de commencer…

Les pièces de tissus rectangulaires ne nécessitent pas de patron. Coupez-les à la taille indiquée.

La tour Eiffel ainsi que les smileys sont à reproduire à la taille figurant sur le patron.

Les explications concernant la broderie sont sur la planche patron.

DIFFICULTÉ :
*

Planche : **VERSO**
Patron : **BLEU MARINE**

COMMENT FAIRE ?

1

2

3

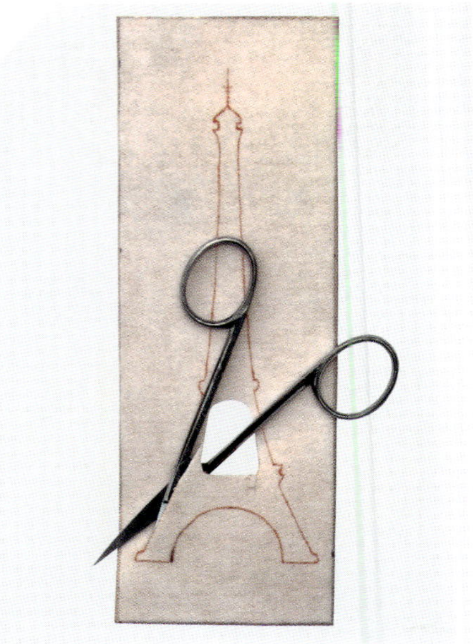

4

5

6

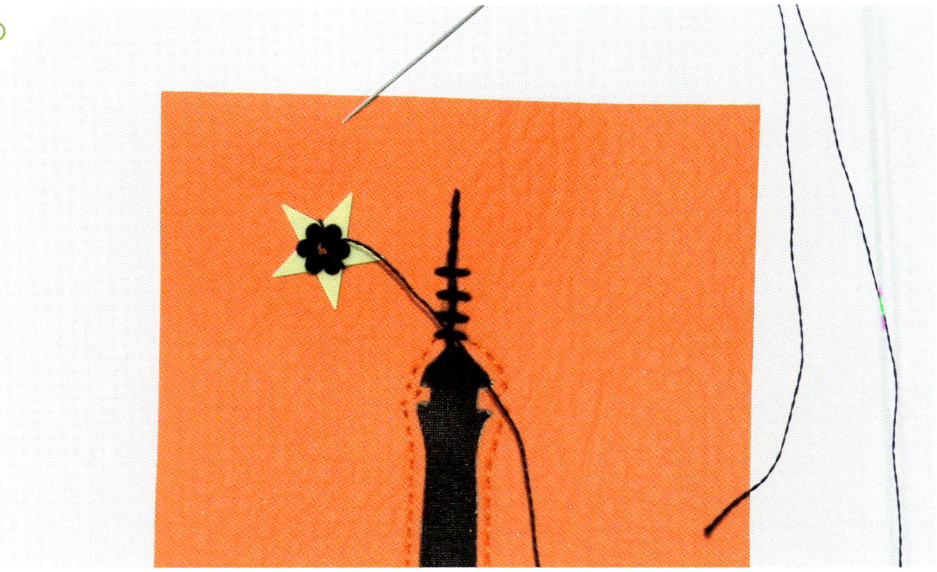

1 COUPE DE TOUTES LES PIÈCES DE TISSU

Coupez :

- Un rectangle de 18 x 6,5 cm dans les simili-cuirs noir et orange après les avoir entoilé.
- Deux cercles de 5,5 cm de diamètre dans le simili-cuir jaune préalablement entoilé.
- Un rectangle de 15 x 6 cm dans le PVC noir. (Photo 1)

2 RÉALISATION DU DÉCOR DE LA TOUR EIFFEL

Reproduisez, puis découpez l'illustration de la tour Eiffel dans de la cartonnette.

Appliquez le gabarit sur l'arrière de la pièce en simili-cuir orange, à 2 cm du bas, puis dessinez les contours. (Photo 2)

À l'aide de petits ciseaux pointus, évidez l'intérieur de la tour Eiffel. Découpez le quadrilatère central. (Photo 3)

Collez la pièce en PVC à l'arrière de la pièce en simili, endroit contre envers. Collez le quadrilatère. (Photo 4)

Piquez le long des contours de la tour Eiffel et du quadrilatère, à 2 mm des bords. (Photo 5)

Dessinez l'antenne de la tour Eiffel, puis brodez-la au point de tige, avec deux fils de mouliné noir.

Après avoir marqué l'emplacement des sequins, fixez l'étoile et la fleur en une seule opération, à l'aide de points en forme d'étoile. (Photo 6)

7

8

9

10

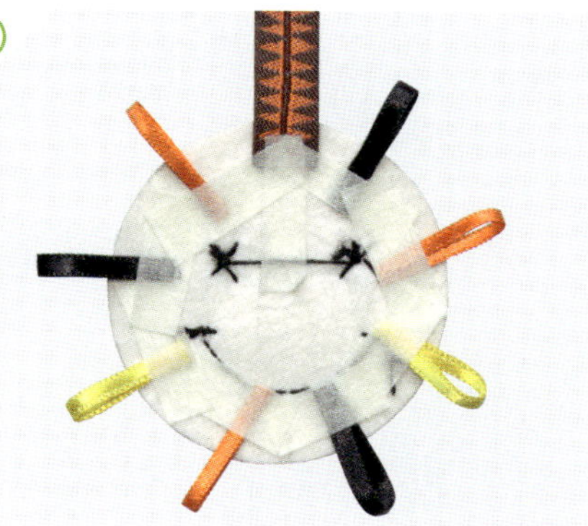

11

12

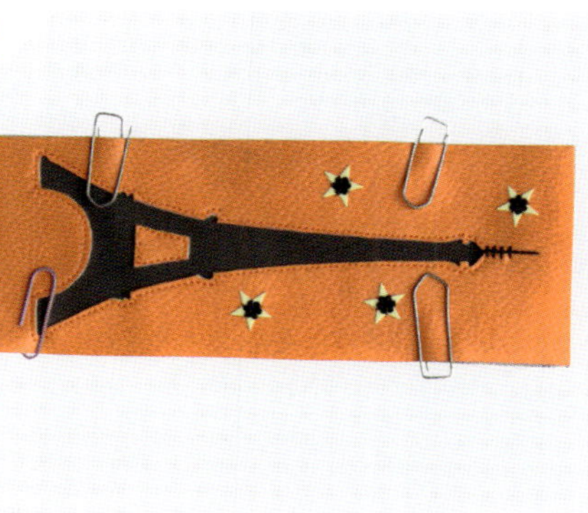

13

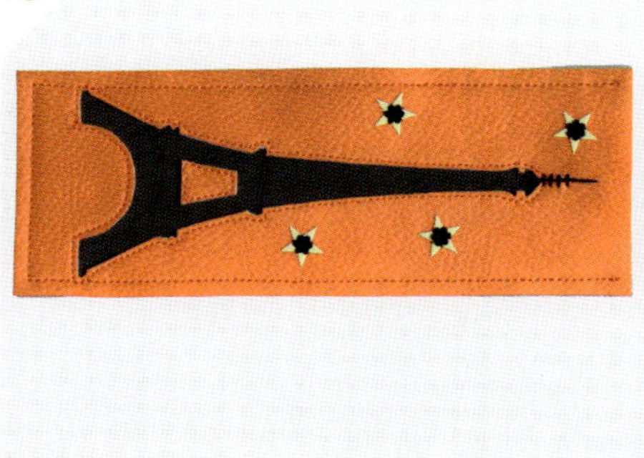

14

15

3 RÉALISATION DE LA FACE « ÉCRITE »

Avec un crayon à encre effaçable, marquez le prénom de la personne à qui vous destinez le marque-page en veillant à équilibrer l'écriture. (Photo 7)

Brodez au point de tige et au point de nœud (pour les lettres nécessitant un point) avec deux fils de mouliné orange. (Photo 8)

Brodez les sequins en utilisant la même technique que précédemment.

4 RÉALISATION DU « SMILEY »

Brodez les sequins ronds et noirs à l'emplacement des yeux, en formant une croix.

Au feutre à encre effaçable, dessinez les sourires, les sourcils et l'œil fermé. Brodez-les ensuite avec deux fils de mouliné noir, au point de tige. (Photo 9)

Sur l'envers d'un des smileys, positionnez le ruban de 1 cm de large, au-dessus des yeux, puis répartissez les huit morceaux de rubans plus fins, pliés en deux, en alternant les couleurs. Maintenez en position à l'aide de rubans peu adhésifs. (Photo 10)

Collez la deuxième partie du smiley sur la première, puis piquez à 2 mm des bords. (Photo 11)

5 MONTAGE FINAL

Positionnez, envers contre envers, les deux rectangles de simili-cuir. Fixez-les à l'aide de trombones ou de pinces, le temps de la couture. (Photo 12)

Piquez à 5 mm des bords en laissant le haut du marque-page ouvert. (Photo 13)

Crantez les quatre côtés à l'aide des ciseaux cranteurs. (Photo 14)

Insérer l'extrémité du ruban du smiley au centre de l'ouverture laissée sur le haut du marque-page, puis piquez à 5 mm du bord. (Photo 15)

L'ÉTUI de passeport

Parce que la couverture du passeport n'est ni très jolie ni très résistante, pourquoi ne pas la protéger et l'embellir avec un chouette étui ! Les rabats pourront également servir de poches aux divers ticket de transport.

LES FOURNITURES :

- Un coupon de 22 x 16,5 cm de simili-cuir rose (la couverture)
- Un coupon de 35 x 15 cm de PVC violet souple (la doublure de la couverture, des rabats)
- Un coupon de 15 x 15 cm de coton enduit fantaisie (les rabats)
- Des chutes de simili-cuir et de coton enduit fantaisie (le décor)
- 5 sequins circulaires
- 5 sequins en forme d'étoile
- Du fil mouliné marron foncé (DMC 3371) et rose fluo (DMC ref : U2019-F)
- Des chutes d'entoilage thermocollant de type Vlieseline H250
- 3 cm de ruban fantaisie.

Avant de commencer...

Les pièces de tissus étant rectangulaires, elles ne nécessitent pas de patron. Coupez-les à la taille indiquée.

Les appliqués sont à reproduire à la taille figurant sur le patron.

Les explications concernant la broderie sont sur la planche patron.

DIFFICULTÉ :
**

Planche : **VERSO**
Patron : **TURQUOISE**

COMMENT FAIRE ?

1 COUPE DE TOUTES LES PIÈCES DE TISSUS

Pour la couverture : 22 x 16,5 cm dans le simili-cuir rose et 20 x 14,5cm dans le PVC violet.

Pour les deux rabats : 2 rectangles de 14,5 x 7 cm dans le coton enduit fantaisie, et 2 rectangles de 14,5 x 7 dans le PVC violet.

Pour le décor : Coupez toutes les pièces du décor dans le simili-cuir et les cotons enduits fantaisies après les avoir renforcées d'entoilage thermocollant. (Photo 1)

2 RÉALISATION DU DÉCOR

À l'aide de la colle ou de ruban peu adhésif, fixez la plus grande partie de la montgolfière sur la couverture en simili, à 2,5 cm du bord de droite, et 3 cm du haut. Piquez à 2 mm du bord. (Photo 2)

Appliquez ensuite les trois autres parties du ballon en suivant une logique d'empilement. (Photos 3, 4 et 5)

À l'aide d'un crayon à encre effaçable, tracez la nacelle, les suspentes et les guirlandes. Collez les fanions puis piquez-les. (Photo 6)

Brodez les motifs en suivant les explications du patron. (Photo 7)

Cousez, en une seule opération, le sequin étoile et le sequin circulaire. Repérez leurs emplacements sur le patron. Réitérez l'opération 5 fois. (Photo 8)

Si vous le souhaitez, vous pouvez personnaliser votre étui de passeport en brodant, au dos, le prénom de l'heureux propriétaire.

1

2

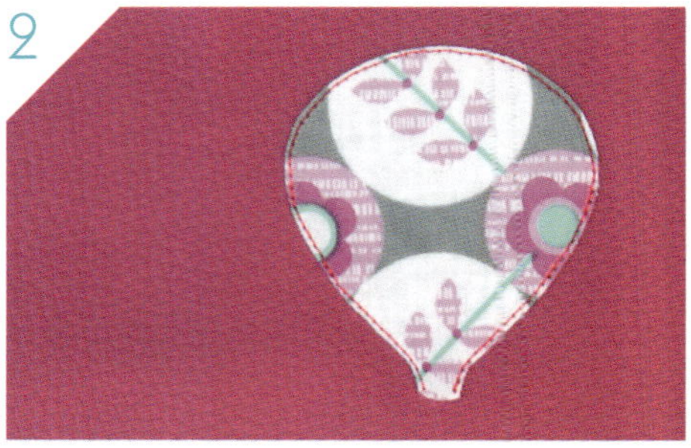

3

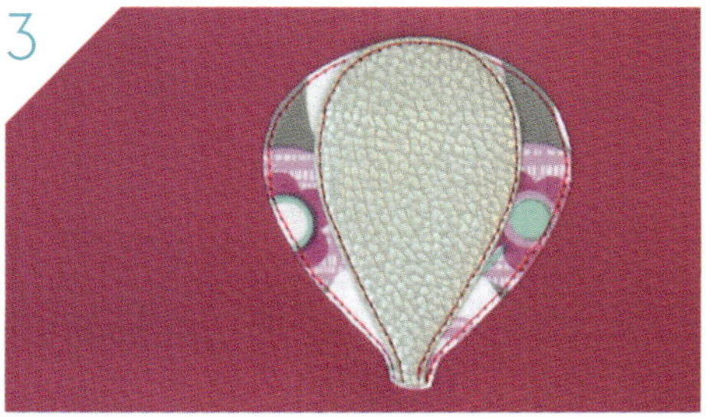

4

5

6

7

8

9

10

11

12

13

14

15

16

17

3 PRÉPARATION DES RABATS

Superposez endroit contre endroit le rabat en coton enduit et sa doublure en PVC. Piquez un des bords le plus long. Retournez sur l'endroit et faites une piqûre décorative à 2 mm du bord. (Photo 9)

4 MONTAGE DE L'INTÉRIEUR DE L'ÉTUI

À l'aide de trombones ou de pinces, fixez ces rabats aux extrémités de la doublure en PVC violet, de sorte qu'il y ait 8 cm d'un bord du rabat à l'autre. (Photo 10)

Piquez les rabats à 2 mm des bords, sans oublier d'insérer le morceau de ruban, plié en deux, dans la couture. (Photo 11)

5 MONTAGE FINAL

Posez l'intérieur du carnet au centre de la couverture, envers contre envers, la montgolfière et le rabat au ruban dos à dos. Tracez les contours de l'intérieur du carnet à la règle. (Photo 12)

Coupez les angles sur les traits sur les grands côtés, et légèrement à l'extérieur des traits sur les petits côtés. (Photo 13)

Positionnez à nouveau l'intérieur du carnet sur sa couverture comme précédemment. Sur les grands côtés, rabattez l'excédent de couverture à l'intérieur. Le temps de la couture, fixez le tout avec des trombones ou des pinces. (Photo 14)

Piquez. Faites de même avec les petits côtés. (Photos 15 et 16)

Pour de jolis angles, solidarisez la jointure à points glissés. (Photo 17)

LA POCHETTE *à chaussures*

Plutôt que de mettre vos souliers préférés dans un vulgaire sac en plastique, offrez leur un joli pochon !

LES FOURNITURES :

- Un coupon de 32 x 72 cm de PVC souple gris argenté (l'extérieur)
- Un coupon de 32 x 77 cm de coton fantaisie (le haut, la doublure, l'étiquette)
- Une chute de 21 x 25 cm de simili-cuir blanc (le disque)
- Une chute de 20 x 15 cm de coton enduit rouge à pois blancs (la chaussure)
- Des chutes de simili-cuir noir et rouge (les éléments du décor)
- Des chutes d'entoilage thermocollant de type Vlieseline H250
- Deux sequins en forme de fleur
- 1, 80 m de ruban noir en 0, 70 cm de large
- Du fil de mouliné noir (DMC 310) pour la broderie

Avant de commencer...

Les pièces de tissus étant rectangulaires, elles ne nécessitent pas de patron. Coupez-les à la taille indiquée. Une marge de couture de 1 cm est comprise.

Les appliqués sont à reproduire à la taille figurant sur le patron.

Les explications concernant la broderie sont sur la planche patron.

DIFFICULTÉ :
**

Planche : **RECTO**
Patron : **ORANGE**

COMMENT FAIRE ?

1 COUPE DE TOUTES LES PIÈCES DE TISSUS

Pour l'extérieur : un rectangle de 72 x 32 cm dans le PVC souple gris argenté, deux rectangles de 32 x 12 cm et un de 7 x 5 cm dans le coton fantaisie.

Pour la doublure : deux rectangles de 47 x 32 cm dans le coton fantaisie.

Pour le décor : après les avoir entoilés, coupez les deux pièces de la chaussure dans le coton enduit à pois, la grande fleur et le patin du talon dans le simili-cuir noir, la fleur moyenne dans le simili-cuir rouge, la petite fleur et le disque de 20 cm de diamètre dans le simili-cuir blanc. (Photo 1)

astuce

Si votre toile en PVC est vraiment trop souple, n'hésitez pas à l'entoiler avant d'y coudre les éléments du décor.

2 RÉALISATION DU DÉCOR

À l'aide de ruban peu adhésif, fixez le cercle à 6 cm des bords latéraux et du bord supérieur de la toile en PVC. Piquez à 2 mm des bords du disque à l'aide d'un point un peu large.

Procédez de la même façon avec l'ensemble des pièces constituant le décor. Vous commencerez par les deux pièces de la chaussure (Photo 2), puis la fleur noire et le patin du talon. (Photo 3)

Après avoir collé la fleur blanche sur la rouge, vous collerez l'ensemble au centre de la fleur noire et vous piquerez la fleur blanche à 2 mm des bords. Cousez en une seule opération les deux sequins centraux. (Photo 4)

À l'aide d'un crayon à encre effaçable, écrivez le texte puis brodez le au point de tige, avec deux fils de mouliné noir. (Photo 5)

1

2

3

4

5

6

7

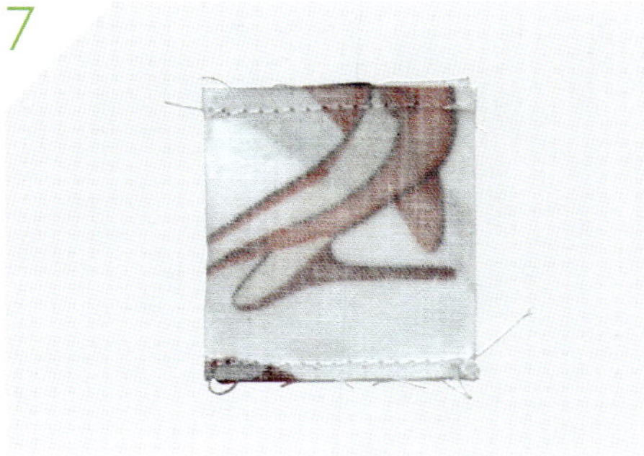

8

9

10

11

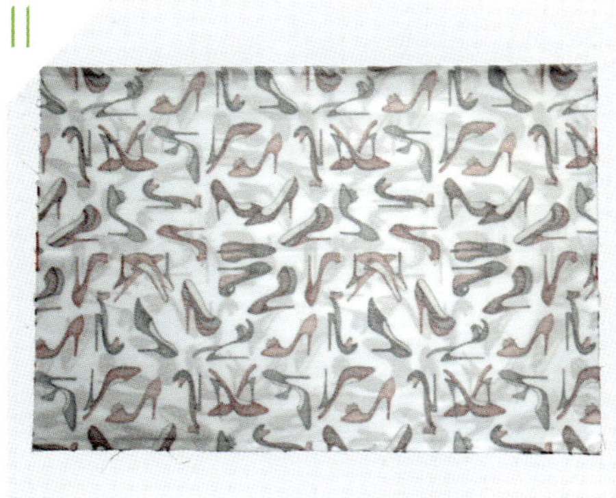

12

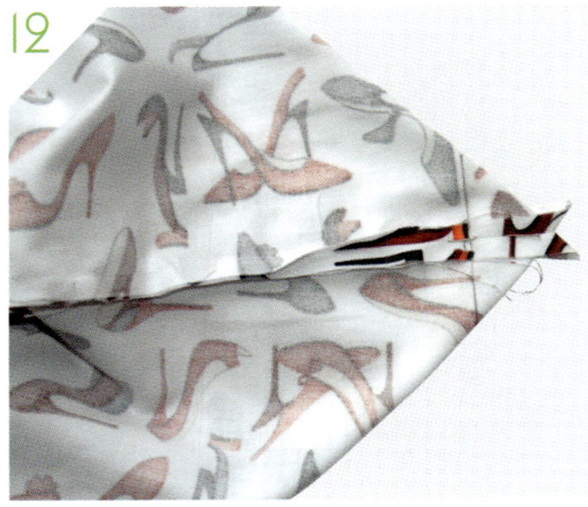

3 MONTAGE DE L'EXTÉRIEUR DE LA POCHETTE

Épinglez, endroit contre endroit, la bande de coton sur le haut de la pochette, et ce aux deux extrémités. Piquez puis ouvrez les coutures. (Photo 6)

Pour l'étiquette décorative, pliez le rectangle de coton dans la largeur, endroit contre endroit, puis piquez les côtés. (Photo 7)

Passez-la sur l'endroit.

Pliez la pochette en deux, endroit conte endroit, en faisant bien correspondre les coutures devant et dos. Insérez l'étiquette décorative à hauteur du milieu du cercle. Épinglez. Piquez en partant du haut de la pochette jusqu'à la jonction avec la toile en PVC. Là, vous laissez une ouverture de 1, 5 cm, puis vous reprenez la couture jusqu'en bas de la pochette. (Photo 8)

Faites de même de l'autre côté.

Pour le soufflet de la pochette, faites correspondre la couture latérale avec le pli du fond. Épinglez en ouvrant les coutures. Mesurez 3 cm sur le pli du fond en partant du coin, et tracez un trait perpendiculairement au pli du fond. (Photo 9)

Piquez sur le trait. Coupez le triangle superflu et ouvrez la couture latérale. (Photo 10)

Faites la même opération sur l'autre angle.

4 MONTAGE DE LA DOUBLURE DE LA POCHETTE

Superposez endroit contre endroit, les deux parties de la doublure. Épinglez. Piquez les côtés ainsi que le fond en laissant une ouverture pour pouvoir retourner plus tard. (Photo 11)

Pour les coins, procédez de la même façon qu'avec l'extérieur de la pochette. (Photo 12)

5 MONTAGE FINAL

Mettez la pochette en doublure à l'intérieur de la pochette en PVC, endroit contre endroit. Épinglez l'ouverture en veillant à faire correspondre les coutures latérales. (Photo 13)

Piquez. Passez la pochette sur l'endroit, par l'ouverture laissée dans le fond de la doublure. Afin d'écraser cette couture, piquez à 5 mm du bord de l'ouverture de la pochette. (Photo 14)

Arrangez la doublure à l'intérieur de la pochette en veillant à ce que le surplus de couture en PVC soit bien réparti de part et d'autre de la couture. Piquez alors l'intérieur et l'extérieur de la pochette au niveau de la jonction entre le coton et le PVC. Cela formera ainsi la partie supérieure de la coulisse. (Photo 15)

13

14

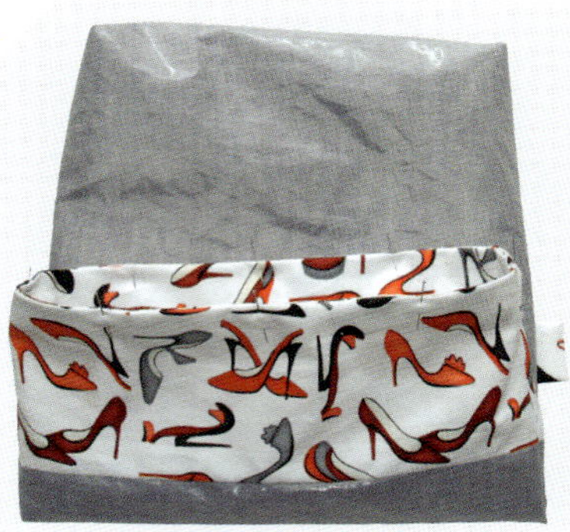

15

16

À 1,5 cm en dessous de cette couture, faites en une parallèle afin de former la partie inférieure de la coulisse. Pour piquer droit, vous pouvez tracer la ligne de couture. (Photo 16)

17

18

6 FINITIONS

Coupez le ruban en deux longueurs de 90 cm. À l'aide d'une épingle à nourrice, passez le ruban dans la coulisse, puis ressortez au même endroit. Faites de même avec l'autre longueur de ruban et l'autre extrémité de la coulisse. (Photo 17)

Après les avoir entoilés, coupez deux cercles de 3 cm de diamètre dans le coton enduit à pois et dans le simili-cuir noir. Collez ces deux cercles envers contre envers en y insérant les deux extrémités du ruban bien superposées. Piquez à 2 mm des bords du cercle. Faites la même opération de l'autre côté. (Photo 18)

Fermez le fond de la doublure de la pochette à l'aide de quelques points glissés.

LA POCHETTE à lingerie

Sur le même principe que la pochette à chaussures, voici la pochette à lingerie. Raffinée, la lingerie mérite bien un pochon qui le soit tout autant.

LES FOURNITURES :

- Un coupon de 32 x 72 cm de PVC souple noir (l'extérieur)
- Un coupon de 32 x 77 cm de coton fantaisie (le haut, la doublure et l'étiquette)
- Une chute de 21 x 25 cm de simili-cuir blanc (le disque)
- Des chutes de simili-cuir noir et argent (les éléments du décor : soutien-gorge, chaussette)
- Des chutes de coton enduit rouge à pois blancs plus ou moins gros (les éléments du décor : slip, chaussette et les extrémités du ruban)
- Des chutes d'entoilage thermocollant de type Vlieseline H250
- Un petit sequin en forme de fleur
- 1,80 m de ruban rouge en 0,70 cm de large
- Des fils de mouliné pour la broderie : noir (DMC 310), rouge (DMC 350) et gris clair (DMC 762)

Avant de commencer...

Les pièces de tissus étant rectangulaires, elles ne nécessitent pas de patron. Coupez-les à la taille indiquée.

Les appliqués sont à reproduire à la taille figurant sur le patron.

Les explications concernant la broderie sont sur la planche patron.

DIFFICULTÉ :
***

Planche : **RECTO**
Patron : **VIOLET**

COMMENT FAIRE ?

1 COUPE DE TOUTES LES PIÈCES DE TISSUS

Pour l'extérieur : un rectangle de 72 x 32 cm dans le PVC souple noir, deux rectangles de 32 x 12 cm et un de 7 x 5 cm dans le coton fantaisie.

Pour la doublure : deux rectangles de 47 x 32 cm dans le coton fantaisie.

Pour le décor : après les avoir entoilés, coupez un disque de 20 cm de diamètre dans le simili-cuir blanc, le soutien-gorge dans le simili-cuir noir, une chaussette dans le simili-cuir argenté et le coton enduit rouge à petits pois, le slip dans le coton enduit rouge à gros pois. (Photo 1)

2 RÉALISATION DU DÉCOR

À l'aide de ruban peu adhésif, fixez le disque à 6 cm des bords latéraux et du bord supérieur de la toile en PVC. Piquez à 2 mm des bords du disque à l'aide d'un point un peu large. (Photo 2)

Dessinez le fil d'étendage à l'aide du crayon à encre effaçable, puis collez les éléments du décor juste en dessous en vous aidant du patron. (Photo 3)

Piquez à 2 mm des bords de chaque pièce.

Piquez le sequin au centre de la bordure supérieure du slip.

Brodez les éléments du décor en suivant les explications du patron. Lorsque nécessaire, tracez au crayon à encre effaçable les détails à broder. (Photo 4)

1

2

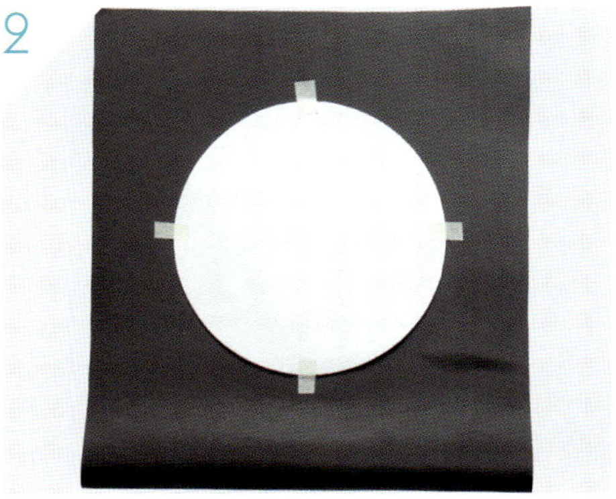

3

4

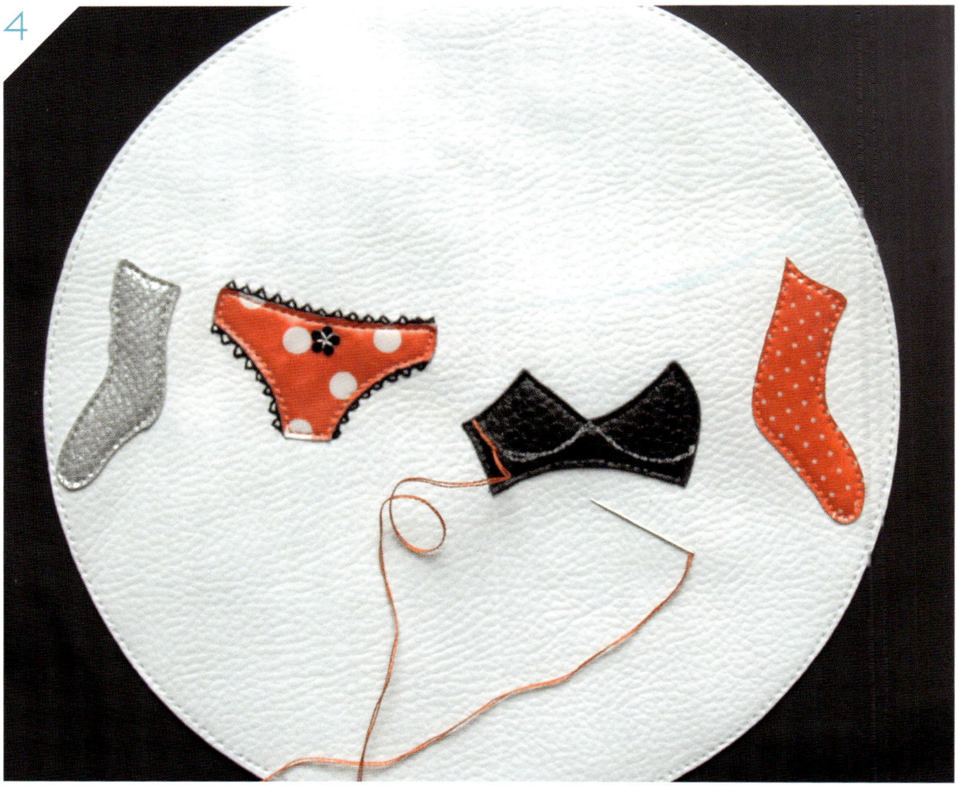

5

6

Finissez par les pinces à linges puis les bretelles du soutien-gorge.

Enfin, tracez l'écriture et les papillons au stylo à encre effaçable puis brodez les en suivant les explications du patron. (Photo 5)

3 MONTAGE DE LA POCHETTE ET FINITIONS

Reportez-vous aux explications et aux visuels de la pochette à chaussures pages 104 à 105. (Photo 6)

L'ÉTUI
pour tablette

Dans cet étui, votre tablette sera bien préservée des chocs grâce à la présence de molleton. Votre écran sera également protégé des rayures dans sa pochette en plastique cristal qui n'altère en rien les fonctions tactiles. En plus de protéger la tablette des chocs, la plaque de mousse insérée dans l'étui lui permet de se transformer en chevalet, support parfait pour utiliser FaceTime ou regarder des vidéos.

à savoir

Les dimensions de l'étui sont données pour une tablette de type IPad classique, de 24 cm de hauteur, 18,5 cm de largeur et 1 cm d'épaisseur.
Afin d'adapter le patron de l'étui à n'importe quelle tablette, mesurez sa hauteur et rajoutez 2 cm.
Mesurez ensuite sa largeur en prenant la circonférence, puis ajoutez 3 cm.
Ainsi, vous obtenez les dimensions du patron. Reste à ajouter les marges de couture..

Avant de commencer...

Rajoutez 1 cm de marge de couture aux éléments figurant sur le patron. Seule la pochette en plastique cristal n'apparaît pas. Reproduisez-la à la taille indiquée.

Les appliqués sont à reproduire à la taille figurant sur le patron.

Les explications concernant la broderie sont sur la planche patron.

LES FOURNITURES :

- Un coupon de 44 x 28 cm de simili-cuir gris argenté (l'extérieur)
- Un coupon de 44 x 28 cm de coton fantaisie (la doublure intérieure)
- Une chute de 44 x 28 cm de ouate en plaque
- Une chute de 28 x 21 cm de plastique cristal (la pochette plastique)
- Un coupon de 26 x 22 cm de coton fantaisie (l'avant de la poche intérieure)
- Un coupon de 26 x 22 cm de coton fantaisie (l'arrière de la poche intérieure)
- Une chute de 40 x 25 cm de sous couche de parquet ou de jeffitex
- Des chutes de simili-cuir rouge, orange, écru et vert effet autruche (les éléments du décor)
- Des fils de mouliné pour la broderie : orange (DMC 608), rouge (DMC 817), vert (DMC 580), bleu pâle (DMC 3761), bleu ciel (DMC 813), bleu foncé (DMC 518) et marron (DMC 938)
- 60 cm de biais de 1,8 cm de large
- 30 cm de galon gros grain orange de 1 cm de large
- 30 cm de galon gros grain vert de 1 cm de large

DIFFICULTÉ :
***

Planche : **RECTO**
Patron : **ROSE**

COMMENT FAIRE ?

1 COUPE DE L'ENSEMBLE DES PIÈCES DE TISSU

Coupez trois pièces avec le patron du corps de l'étui : une dans le simili-cuir gris argenté (face extérieure), une dans le molleton, et une dans le coton fantaisie (face intérieure).

Coupez deux pièces avec le patron de la poche : toutes deux dans les cotons fantaisie (une face avant et une face arrière).

Coupez un rectangle de 28 x 21 cm dans le plastique cristal.

Pour le décor, après les avoir entoilés, coupez le corps de la carpe dans le simili-cuir rouge, les nageoires dans le simili-cuir orange, les ouïes dans le simili-cuir écru et les feuilles de nénuphars dans le simili-cuir vert. (Photo 1)

2 RÉALISATION DU DÉCOR

À l'aide du ruban peu adhésif ou de la colle, fixez les éléments du décor en commençant par les feuilles de nénuphars, les nageoires puis le corps de la carpe. (Photo 2)

Piquez à 2 mm des bords. Puis, selon une logique d'empilement, collez puis piquez les ouïes. (Photo 3)

À l'aide d'un crayon à encre effaçable et en vous aidant du patron, dessinez les éléments du décor puis brodez-les en suivant les explications du patron. (Photo 4)

1

2

3

4

5

6

7

8

9

10

3 MONTAGE DE L'INTÉRIEUR DE L'ÉTUI

Piquez le biais sur toute la longueur de la poche en plastique cristal. Ceci en une seule opération, la transparence rendant la couture plus facile. (Photo 5)

Superposez, endroit contre endroit, la face avant et la face arrière de la poche en coton. Coupez le biais restant dans la longueur et prenez-le en sandwich entre les deux couches de coton. Épinglez. (Photo 6)

Piquez le haut puis le petit côté de la poche. (Photo 7)

Passez la poche sur l'endroit puis faites une couture à 2 mm du bord du biais de façon à coucher la couture. (Photo 8)

Épinglez la couche de ouate sur l'envers de la doublure intérieure puis piquez le long des bords au point zig-zag. Coupez l'éventuel excédent de ouate. (Photo 9)

Épinglez la poche en coton ainsi que la poche en plastique cristal sur la doublure molletonnée. Solidarisez le tout au point zig-zag le long des bords. (Photo 10)

Piquez le petit côté intérieur de la poche en coton avec un point droit à 2 mm du bord de la poche.

4 ASSEMBLAGE FINAL

Superposez, endroit contre endroit, les faces intérieure et extérieure de l'étui, la carpe face à la poche en coton. Marquez le milieu des petits côtés pour l'emplacement des rubans puis insérez-les entre les deux faces. Solidarisez le tout à l'aide de trombones ou de pinces. (Photo 11)

Piquez en laissant une ouverture sur tout le bas de la face avant de l'étui. Crantez les angles. (Photo 12)

Retournez l'ouvrage.

Afin d'écraser convenablement la couture, marquez le pli à l'aide de trombones ou de pinces (Photo 13) puis piquez à 0,5 cm des bords avec un point large. (Photo 14)

Ne piquez pas l'ouverture.

5 RENFORT DE LA FACE AVANT DE L'ÉTUI

Dans la chute de sous-couche de parquet, coupez deux rectangles de 24 x 18,5 cm. Superposez-les, puis assemblez-les grâce à une piqûre le long des bords. Arrondissez deux angles de part et d'autre d'une des grandes longueurs. (Photo 15)

Insérez la plaque ainsi obtenue par l'ouverture laissée dans l'étui. (Photo 16)

11

12

13

14

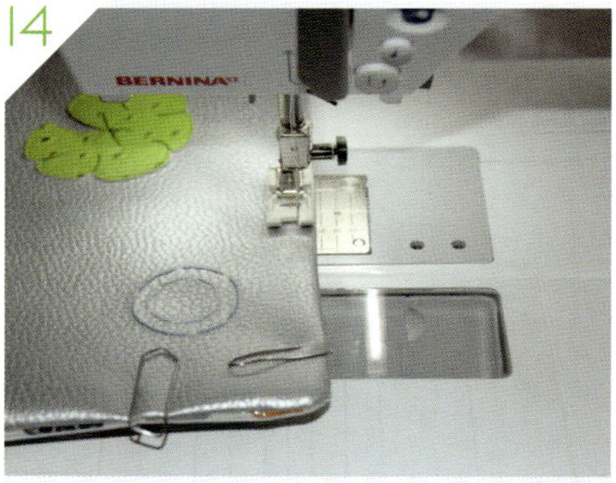

15

16

17

6 FINITIONS

Fermez l'ouverture de l'étui à la main, à l'aide de points glissés. (Photo 17)

Reprenez la couture décorative là où vous l'avez laissée.

Afin de schématiser l'emplacement de la pliure centrale de l'étui, repérez-la grâce à des mesures, puis marquez-la au crayon à encre effaçable. Faites alors une double couture de part et d'autre du trait. (Photos 18 et 19)

18

19

LA TROUSSE DE TOILETTE à rabat

Avec ses formes généreuses, sa large base et sa grande ouverture, voici une trousse de toilette qui vous permettra d'emporter tout le nécessaire. Son joli rabat à fermeture magnétique lui apportera juste ce qu'il faut d'originalité et de gaieté.

LES FOURNITURES :

- 80 x 45 cm (ou 110 x 30 cm) de simili-cuir prune (le tour de la trousse, les côtés et le rabat)
- 80 x 55 cm (ou 105 x 45 cm) de coton enduit (la doublure du tour, des côtés et du rabat, le passepoil et le décor)
- 25 x 18 cm d'entoilage thermocollant de type Vlieseline H250 (les décors, le fermoir)
- 1,9 m de corde pour passepoil
- 1,2 m de biais en 2 cm de large
- Une fermeture Éclair séparable de 30 cm minimum
- 10 x 5 cm de simili-cuir vert (les initiales)
- 30 x 18 cm de coton enduit chamarré (la poche intérieure)
- Des fils de mouliné DMC n°166 (la broderie)
- 10 x 8 cm de coton beige (l'étiquette décorative)
- De la peinture pour textile
- Un fermoir aimanté

Avant de commencer...

Rajoutez 1 cm de marge de couture aux éléments figurant sur le patron. La pièce centrale étant rectangulaire, elle ne nécessite pas de patron. Coupez-la à la taille indiquée.

Les appliqués sont à reproduire à la taille figurant sur le patron.

Les explications concernant la broderie sont sur la planche patron.

DIFFICULTÉ :
***

Planche : **VERSO**
Patron : **NOIR**

COMMENT FAIRE ?

1 COUPE DES PIÈCES DE TISSUS

Découpez, dans le simili-cuir prune ainsi que dans le coton enduit, un rabat et deux pièces latérales en rajoutant 1 cm de marge de couture. Coupez également un rectangle de 55 x 28 cm pour le tour de la trousse dans les deux tissus (Photo 1)

2 RÉALISATION DES DÉCORS

2-1 Décor du rabat

À l'aide d'une pièce de thermocollant de 13 x 13 cm, décalquez le motif « fleur » sur la face non enduite de colle (Photo 2).

Fixez le thermocollant au fer à repasser, au dos du rabat, en veillant à ne pas être trop proche des bords. Ici le motif n'est volontairement pas centré (Photo 3)

Évidez les pétales à l'aide des petits ciseaux de broderie. Vous commencerez par trouer le centre de chaque pétale pour évider grossièrement la pièce. Dans un deuxième temps, vous couperez précisément sur le trait de crayon (Photo 4). Faites ainsi pour les onze pétales (Photo 5).

Encollez le centre de la fleur ainsi que le pourtour de chaque pétale avec la colle blanche en bâton (Photo 6). Collez alors la pièce de coton enduit de 13 x 13 cm, que vous aurez pris soin d'entoiler, au dos du décor, endroit contre envers (Photos 7 et 8).

Piquez le pourtour de chaque pétale, à 1-2 mm du bord avec le pied Téflon (Photo 9).

1

2

3

4

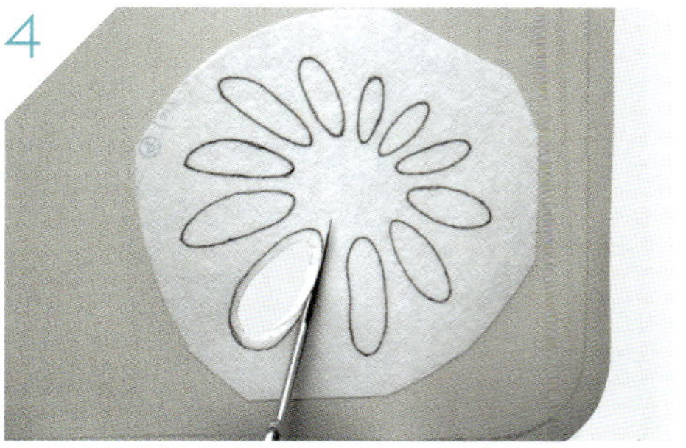

5

6

7

8

9

10

11

12

13

14

15

16

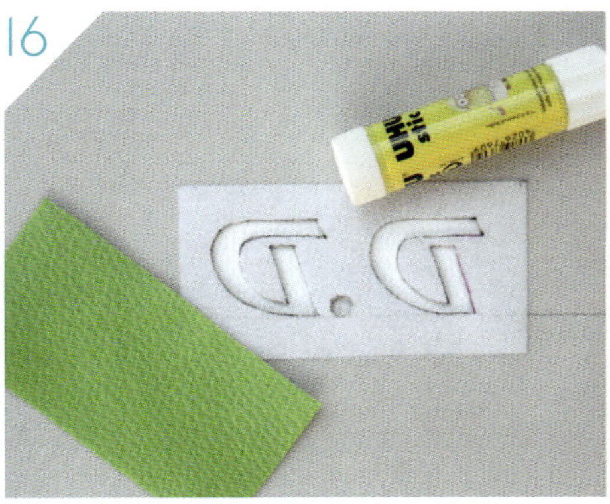

17

18

19

Dessinez les tiges à broder avec le crayon à encre effaçable (Photo 10). Brodez au point de tige avec deux fils de mouliné
(Photo 11)

2-2 Décor du dos

Si vous souhaitez personnaliser votre trousse de toilette aux initiales de l'heureux(se) propriétaire, allez sur un logiciel de dessin de type « paint » ou « draw » sur votre ordinateur. Choisissez la police de caractère qui vous convient et la hauteur des lettres. Ici, il s'agit de la police « Magneto » de taille 130 (Photo 12). Afin que les initiales soient dans le bon sens plus tard, retournez-les horizontalement.

Décalquez les lettres à même l'écran sur la partie non enduite de colle de votre entoilage de 10 x 5 cm (Photo 13).

astuce

choisissez des lettres faciles à évider et pas trop découpées pour faciliter le travail d'appliqué inversé..

Fixez au fer à repasser à 17 cm du bord supérieur et 5 cm du bord latéral. Tracez une ligne horizontale à 17 cm pour que vos lettres soient droites (Photo 14).

Évidez les lettres avec les petits ciseaux de broderie (Photo 15).

Encollez le tour des lettres à la colle blanche en bâton (Photo 16) puis apposez la pièce en simili vert de 10 x 5 cm endroit contre envers (Photo 17).

Piquez le pourtour des lettres et du point à 1-2 mm du bord avec le pied Téflon. N'hésitez pas à tenir les petites parties centrales des lettres avec la pointe d'un petit ciseau pendant la couture pour ne pas que ces dernières se décollent au passage du pied de biche (Photos 18 et 19).

3 RÉALISATION DE LA POCHE INTÉRIEURE

Pliez la pièce de coton beige en deux afin d'en marquez le milieu. Tamponnez-la avec votre tampon favori enduit d'encre textile. Selon que vous souhaitez l'étiquette à droite ou à gauche de la poche, vous tamponnerez la partie droite ou gauche de l'étiquette. Après séchage, passez au fer selon les consignes du fabriquant de peinture (Photo 20).

Pliez l'étiquette en deux, endroit contre endroit, puis piquez les côtés (Photo 21). Passez-la sur l'endroit. Votre étiquette décorative est prête à être cousue à la poche (Photo 22).

Pliez votre pièce poche en deux, endroit contre endroit, en y insérant l'étiquette décorative à 2 cm du bord supérieur. Piquez le pourtour de la poche en laissant une ouverture d'environ 7 cm sur le bas pour pouvoir retourner plus tard (Photo 23).

Passez sur l'endroit, puis faites une piqûre décorative sur le haut de la poche à 2-3 mm du bord (Photo 24).

Épinglez la poche sur la doublure à 2,5 cm du bord supérieur et centrez-la. Piquez à 1-2 mm des bords et insistez sur l'ouverture de la poche. Cette couture permet aussi de fermer le fond de la poche (Photo 25).

20

21

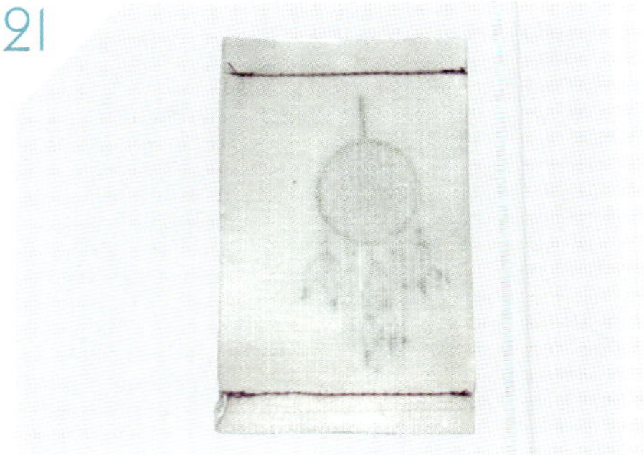

22

23

24

25

26

27

28

29

30

31

32

4 MONTAGE DU RABAT

4-1 Installation du haut du fermoir aimanté sur la doublure du rabat

Repérez le milieu du rabat sur l'envers. À 4 cm du bord du rabat, sur cette ligne centrale, faites un point indiquant l'emplacement précis du fermoir.

Fixez une pièce d'entoilage de 4 x 4 cm autour de ce point afin de renforcer cette zone.

Posez la pièce arrière du fermoir « mâle » sur le repère et marquez l'emplacement des griffes (Photo 26). Entaillez ces repères avec des petits ciseaux de broderie (Photo 27). Passez votre fermoir mâle sur l'endroit de la doublure, les griffes au travers des entailles. Passez les griffes dans la pièce arrière puis rabattez les griffes à l'aide d'une pince (Photo 28).

4-2 Installation du passepoil sur le pourtour du rabat

Réalisez 1,9 m de passepoil en 3 cm de large dans un carré de coton enduit de 26 cm de côté (voir « Comment faire un passepoil » page 9) (Photo 29).

Coupez la longueur de passepoil nécessaire pour votre rabat en l'épinglant grossièrement tout le tour.

Aux deux extrémités du passepoil, faites sortir 2 cm de corde en plissant le tissu vers le bas. Coupez la corde puis remettez le tissu en place. Cette opération vous permettra d'éviter les surépaisseurs à l'arrière du rabat (Photo 30).

Épinglez le passepoil sur tout le pourtour du rabat, bourrelet vers l'intérieur. N'hésitez pas à cranter le passepoil dans les arrondis. Piquez à l'aide du pied spécial fermeture Éclair (Photo 31).

Superposez la doublure et le rabat en simili, endroit contre endroit, puis piquez à l'aide du pied spécial fermeture Éclair en vous appuyant sur le bourrelet du passepoil (Photo 32).

Passez le rabat sur l'endroit. Épinglez un rentré de 1 cm sur le haut du rabat. Ne piquez pas pour l'instant (Photo 33).

5 MONTAGE DE LA FERMETURE ÉCLAIR

Repérez le milieu de la fermeture Éclair, le milieu de la doublure côté « poche » et le milieu du simili côté « initiales ».

Prenez en sandwich la fermeture Éclair entre la pièce en simili et la pièce en doublure, endroit contre endroit, en faisant correspondre les repères de milieu. La pièce en simili est sur l'endroit de la fermeture Éclair (Photo 34). Piquez à l'aide du pied spécial fermeture Éclair.

Rabattez les tissus sur l'endroit puis, à l'aide du pied Téflon pour fermeture Éclair, faites une piqûre décorative le long de la fermeture Éclair. Élargissez un peu la longueur du point (Photo 35).

Sur le simili, tracez au crayon effaçable une ligne parallèle à la fermeture Éclair à 5 cm de cette dernière. Posez l'extrémité supérieure du rabat le long de cette ligne en veillant à la centrer (Photo 36). Épinglez puis piquez sans prendre la doublure à 1 mm du bord du rabat. Faites une deuxième piqûre à 1 cm de la précédente (Photo 37).

33

34

35

36

37

38

39

40

41

42

43

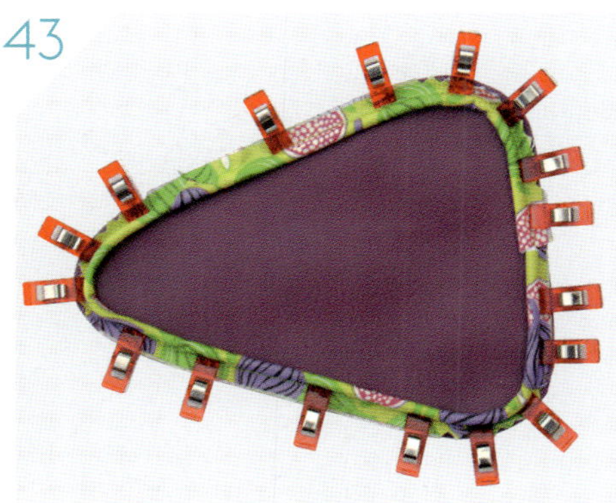

Ouvrez la fermeture Éclair pour avoir plus d'aisance. Repérez les milieux de la fermeture Éclair, de la doublure et du simili puis cousez le deuxième ruban de la fermeture Éclair en procédant de la même façon que pour le premier ruban (Photo 38). Faites une piqûre décorative le long de la fermeture Éclair en élargissant la longueur du point (Photo 39).

Épinglez les bords, puis faites un point zig-zag tout le long (Photo 40).

Ramenez le curseur de la fermeture Éclair vers le milieu de la trousse puis coupez l'excèdent de ruban de la fermeture Éclair aux deux extrémités (Photo 41).

6 MONTAGE DES CÔTÉS

Épinglez les côtés en simili et en coton enduit, envers contre envers, puis solidarisez-les par un point zig-zag sur tout le pourtour (Photo 42)

Épinglez le passepoil sur tout le pourtour des côtés, bourrelet vers l'intérieur, en commençant par le bas de la pièce. N'hésitez pas à cranter le passepoil dans les arrondis (Photo 43).

Pour la jonction des deux extrémités du passepoil, préparez deux pièces de 4 x 5 cm dans le coton enduit. Pliez les extrémités de façon à obtenir une pièce de 5 cm de long sur 2 cm de large (Photo 44). Installez cette pièce à cheval sur le passepoil, à la jonction des deux extrémités (Photos 45 et 46). Piquez à l'aide du pied spécial fermeture Éclair, le plus près possible du bourrelet du passepoil. Faites de même pour l'autre bourrelet de la trousse.

Épinglez les côtés de la trousse au corps de celle-ci en veillant à ce que le repère du haut de la pièce « côté » corresponde au centre de la fermeture Éclair. N'hésitez pas à cranter le corps de la trousse, dans les arrondis, de façon à ce que les deux pièces s'ajustent bien (Photo 47). Piquez avec le pied spécial fermeture Éclair en étant le plus près possible du bourrelet du passepoil. Insistez bien au niveau de la fermeture Éclair. Reprenez la couture si vous n'étiez pas assez près du passepoil, particulièrement dans les angles.

7 CAMOUFLAGE DES COUTURES

Coupez votre ruban de biais en deux longueurs égales.

Ouvrez votre biais, puis épinglez-le sur tout le pourtour de la pièce latérale de la trousse. Veillez à ce que vos épingles (pinces) soient installées de telle sorte que le pli du biais tombe à l'aplomb de la piqûre à recouvrir. Vous pouvez cranter le biais dans les angles (Photo 48).

Pour un raccord de biais soigné, faites se chevaucher les deux extrémités de biais en faisant un rentré sur celle en contact avec la doublure (Photo 49). Piquez sur la ligne de pliure du biais.

Installez le biais bien à cheval sur la couture à recouvrir. La lisière du biais doit recouvrir tout juste la couture précédente (Photo 50). Piquez à 1 mm du bord.

44

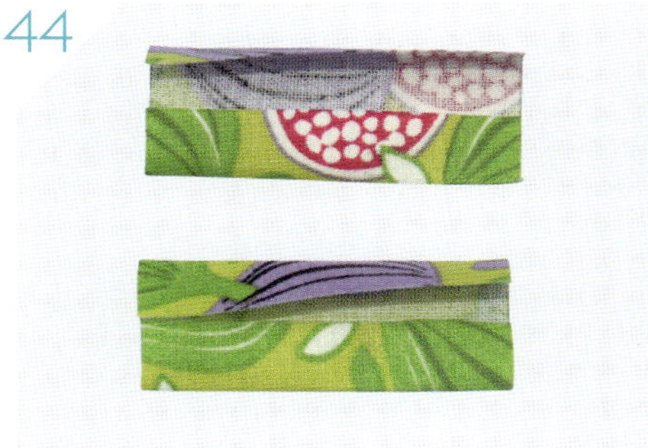

45

46

47

48

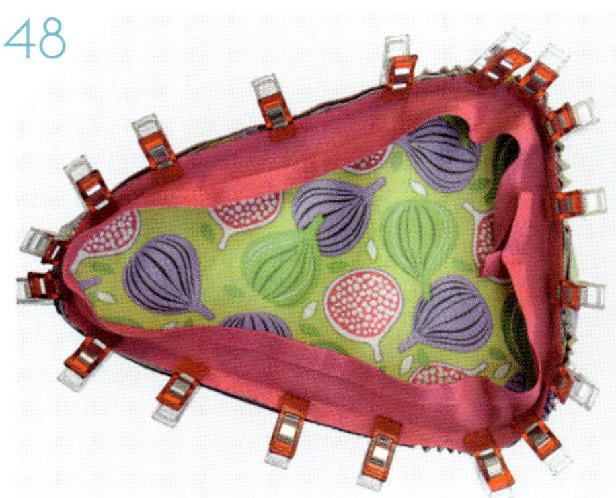

49

50

51

Faites ainsi pour les deux côtés de la trousse (Photo 51).

8 INSTALLATION DU FERMOIR FEMELLE

Passez la trousse sur l'endroit en arrangeant bien les angles. Fermez la fermeture Éclair puis fermez le rabat. Repérez ainsi l'emplacement du fermoir sur la face avant (Photo 52).

Placez la partie dos du fermoir sur ce repère et marquez l'emplacement des deux griffes. Faites deux entailles de quelques millimètres à l'aide des ciseaux pointus de broderie en traversant bien la doublure (Photo 53). Passez les griffes de votre fermoir femelle à travers ces entailles sur le simili. Passez les griffes dans la pièce arrière du fermoir côté doublure, puis couchez les griffes à l'aide d'une pince. (Photo 54).

Il ne manque plus qu'à décorer le curseur de la fermeture Éclair et le tour est joué !

52

53

54

LA LUNCH-BOX *graphique*

Voici la glacière idéale pour emmener votre petit pique-nique sur votre lieu de travail ou en vacances. Entièrement doublée de tissu isotherme, elle permet de conserver la température des aliments. Le coton enduit à l'intérieur permet, en un coup d'éponge, un nettoyage facile.

LES FOURNITURES :

- 70 x 50 cm de simili-cuir noir (l'extérieur)
- 70 x 50 cm de coton enduit (la doublure)
- 70 x 50 cm de tissu isotherme ouatiné (entre la doublure et le simili)
- Une fermeture Éclair de 65 cm minimum
- 44 x 25 cm d'entoilage thermocollant de type Vlieseline H250 (les décors)
- 65 cm de sangle en 35 mm de large
- 10 x 4 cm de cotons enduits chamarrés dans 16 chutes de cotons enduits différents ou un seul coupon endu t de 20 x 20 cm (le décor de la face et du dessus)
- Pour le décor de la face arrière :
  - 5 x 5 cm de coton écru
  - 5 x 5 cm de plastique cristal
  - 7 x 7 cm de simili-cuir pailleté argent
  - 8 x 8 cm de coton enduit chamarré
  - De la peinture pour textile

Avant de commencer...

Les pièces du patron sont à reproduire sans rajouter de marge de couture.

Les appliqués sont à reproduire à la taille figurant sur le patron.

DIFFICULTÉ :
***

Planche : **VERSO**
Patron : **ROUGE**

COMMENT FAIRE ?

1

2

3

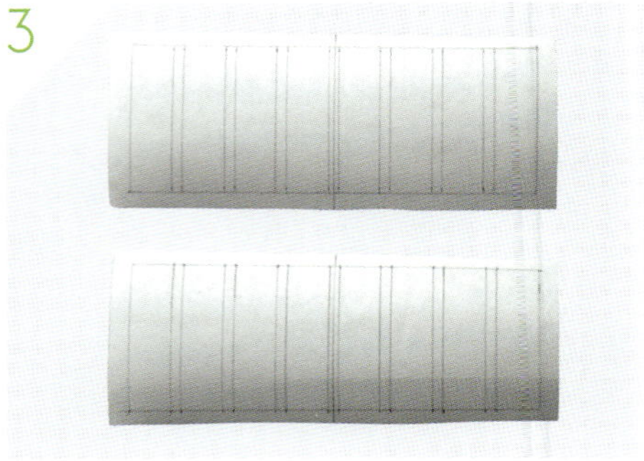

4

1 RÉALISATION DES DÉCORS FACE AVANT ET DESSUS

À l'aide du patron, sans rajouter de marge de couture, coupez les deux pièces composant la lunch-box dans le simili-cuir noir. (Photo 1)

Au dos des deux pièces en simili-cuir, tracez les repères de milieu ainsi que les lignes de séparation des différentes parties composant la lunch-box (devant, côtés, fond, dos, dessus) (Photo 2)

Dans le thermocollant, coupez deux pièces rectangulaires de 22 x 9 cm. Sur chacune de ces pièces, et sur la partie non-enduite de colle, décalquez le décor et marquez les repères de milieu (Photo 3).

Thermocollez ces deux pièces de Vlieseline au fer à repasser au dos de chaque pièce en simili. Pour le décor du tour, centrez votre pièce horizontalement et verticalement en vous aidant des repères. Pour le décor du dessus, celui-ci n'est pas tout à fait centré horizontalement du fait de la marge de couture présente à l'extrémité supérieure uniquement. Comptez donc une marge de 6,25 cm vers le haut et 5,25 cm vers le bas. Centrez-la verticalement en vous aidant des repères. (Photo 4)

À l'aide des petits ciseaux de broderie, ajourez les huit rectangles composant le décor. Commencez par faire une ouverture grossière, puis coupez précisément sur les traits de crayon (Photo 5).

5

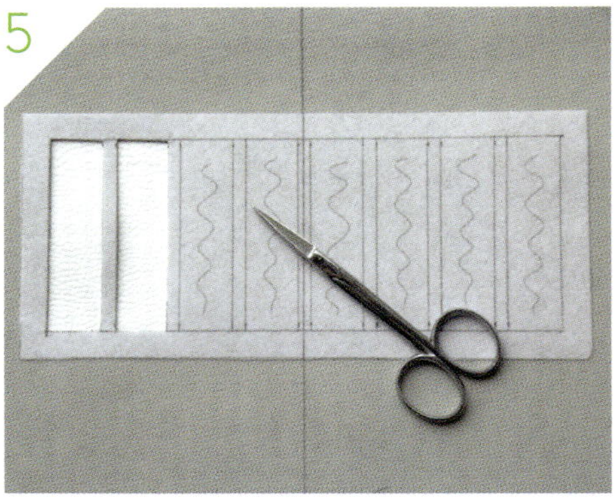

Dans les cotons enduits de votre choix, coupez seize pièces de 10 x 2,75 cm (Photo 6).

astuce

Pour que le travail soit plus simple et plus rapide, tout en restant joli, vous pouvez décider d'utiliser un seul coupon de coton enduit pour votre décor. Dans ce cas, vous n'aurez qu'à couper une seule pièce de 10 x 20 cm.

6

7

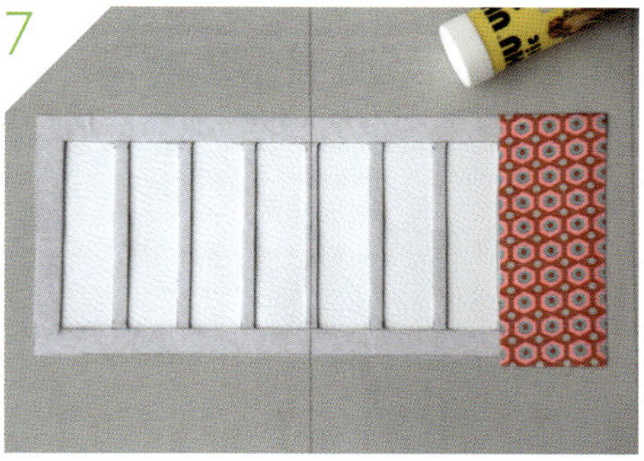

8

9

10

11

12

13

14

15

16

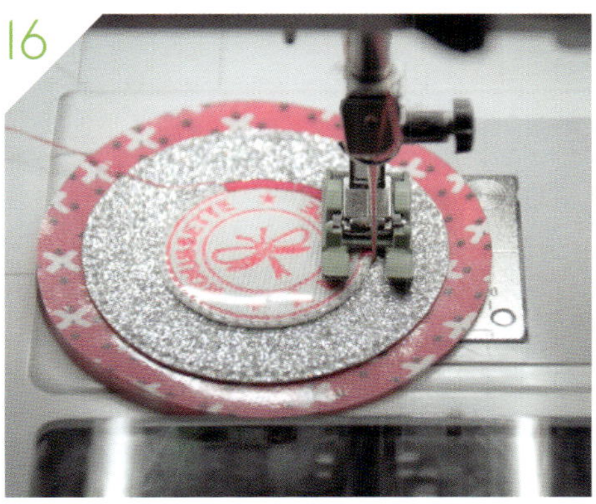

Collez, à la colle blanche en bâton, une première pièce de coton enduit en veillant à ce qu'elle ne dépasse pas de la partie ajourée tout en étant la plus proche possible de cette dernière (Photo 7). Faites de même avec la bande suivante (Photo 8) puis les six autres (Photo 9).

Pour plus de solidité et pour éviter que les bandes bougent pendant la couture, recouvrez le décor d'une pièce de thermocollant de 25 x 13 cm (Photo 10).

À l'aide du pied en Téflon, piquez à 1-2 mm des bords en simili (Photo 11). Afin que les petites bandes de simili ne bougent pas au passage du pied de biche, tenez-les en place à l'aide de la pointe des ciseaux. Faites ainsi le tour de chacune des huit ouvertures et ce pour le décor « devant » et le décor « dessus » (Photo 12).

2 RÉALISATION DU DÉCOR ARRIÈRE

Dans la chute de coton écru préalablement entoilée, tamponnez le motif de votre choix à la peinture textile. (Photo 13)

Tracez et coupez un cercle de 7,5 cm de diamètre dans le coton enduit, un cercle de 6 cm de diamètre dans le simili-cuir pailleté, et un carré de 5 cm de côté dans le plastique cristal (Photo 14)

Collez le petit cercle sur le grand, puis piquez-le à 1-2 mm du bord avec le pied Téflon. Placez le plastique cristal sur votre étiquette tamponnée puis piquez autour (Photo 15). Coupez l'excédent de tissu autour du tampon. Collez cette étiquette tamponnée au centre des cercles concentriques puis piquez au point zig-zag très serré avec votre pied Téflon (Photo 16).

Repérez le dos de votre lunch-box en simili, puis placez le décor en veillant à n'être ni trop bas, ni trop proche de la couture latérale. Piquez à 1-2 mm du bord du cercle (Photo 17).

17

3 PRÉPARATION ET MONTAGE DE LA FERMETURE ÉCLAIR

Marquez le milieu de la fermeture Éclair. De part et d'autre de ce repère de milieu, marquez 29 cm. Ces repères indiquent l'emplacement de la couture des extrémités des propretés de la fermeture Éclair.

Coupez quatre propretés de 4 x 4 cm, deux dans le simili-cuir noir, deux dans la doublure en coton enduit.

Prenez les extrémités de la fermeture Éclair en sandwich entre la propreté en simili (sur l'endroit de la fermeture Éclair) et la propreté en coton enduit, endroit contre endroit. Faites en sorte que la couture coïncide avec le repère sur la fermeture Éclair. Piquez en allant doucement au passage des dents pour ne pas casser votre aiguille. Coupez l'excédent de ruban de la fermeture Éclair (Photo 18).

18

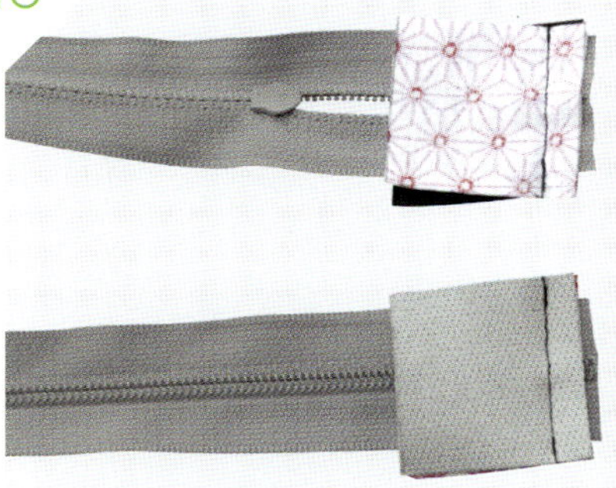

19

Rabattez les propretés sur l'endroit puis faites une couture dans le prolongement de la fermeture Éclair pour solidariser les deux morceaux (Photo 19).

Épinglez le ruban de la fermeture Éclair le long de la lunch-box, endroit contre endroit, en faisant correspondre les repères de milieu (Photo 20). Piquez avec le pied spécial fermeture Éclair, le plus proche possible des dents. Coupez l'excédent de propreté qui dépasserait aux deux extrémités.

20

Épinglez le ruban supérieur de la fermeture Éclair au couvercle de la lunch-box en faisant correspondre les repères de milieu ainsi que les extrémités (Photo 21). N'hésitez pas à cranter la fermeture Éclair dans les angles (Photo 22).

21

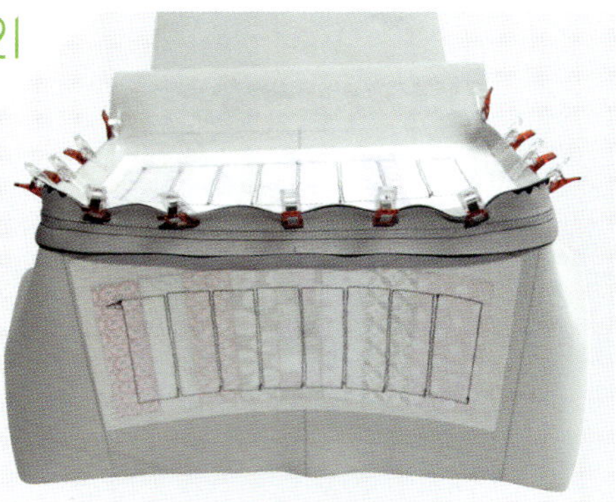

22

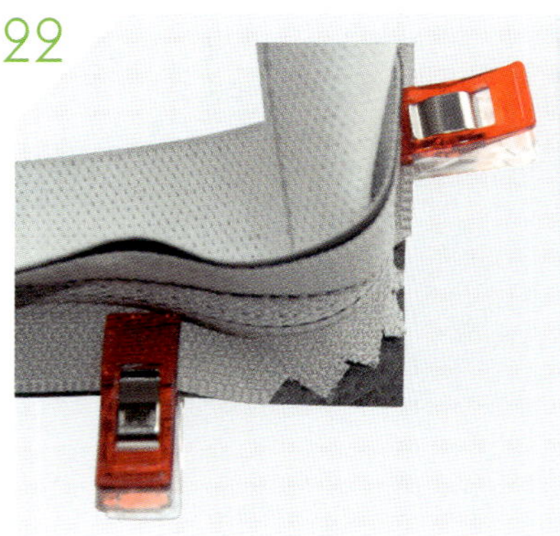

23

24

25

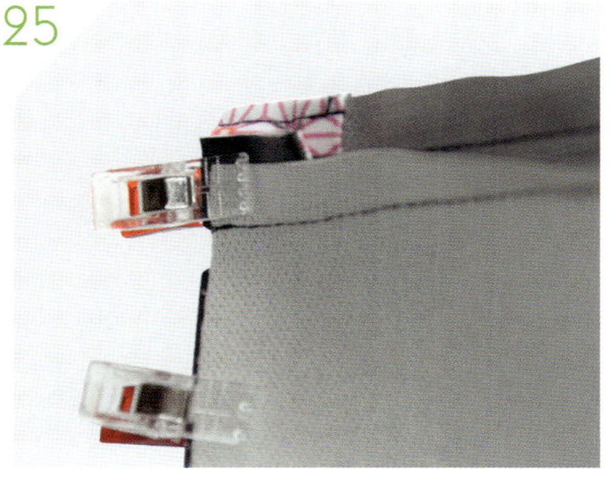

Piquez avec le pied spécial fermeture Éclair le plus près possible des dents. Débutez et terminez la couture à 1 cm des extrémités. Passez votre lunch-box sur l'endroit afin de vérifier vos arrondis (Photo 23).

Épinglez le dos de la lunch-box avec les extrémités des côtés (Photo 24). N'hésitez pas à cranter la partie dos dans les angles. Rabattez le ruban inférieur de la fermeture Éclair vers le haut (Photo 25). Démarrez les coutures sur celle de la fermeture Éclair et terminez-les à 1 cm des extrémités.

Ouvrez la fermeture Éclair. Épinglez le fond de la lunch-box sur les trois côtés du tour en faisant correspondre les repères de milieu. N'hésitez pas à arrondir légèrement les angles du fond et à cranter le tour au niveau des arrondis (Photo 26). Piquez.

Votre lunch-box en simili est terminée.

26

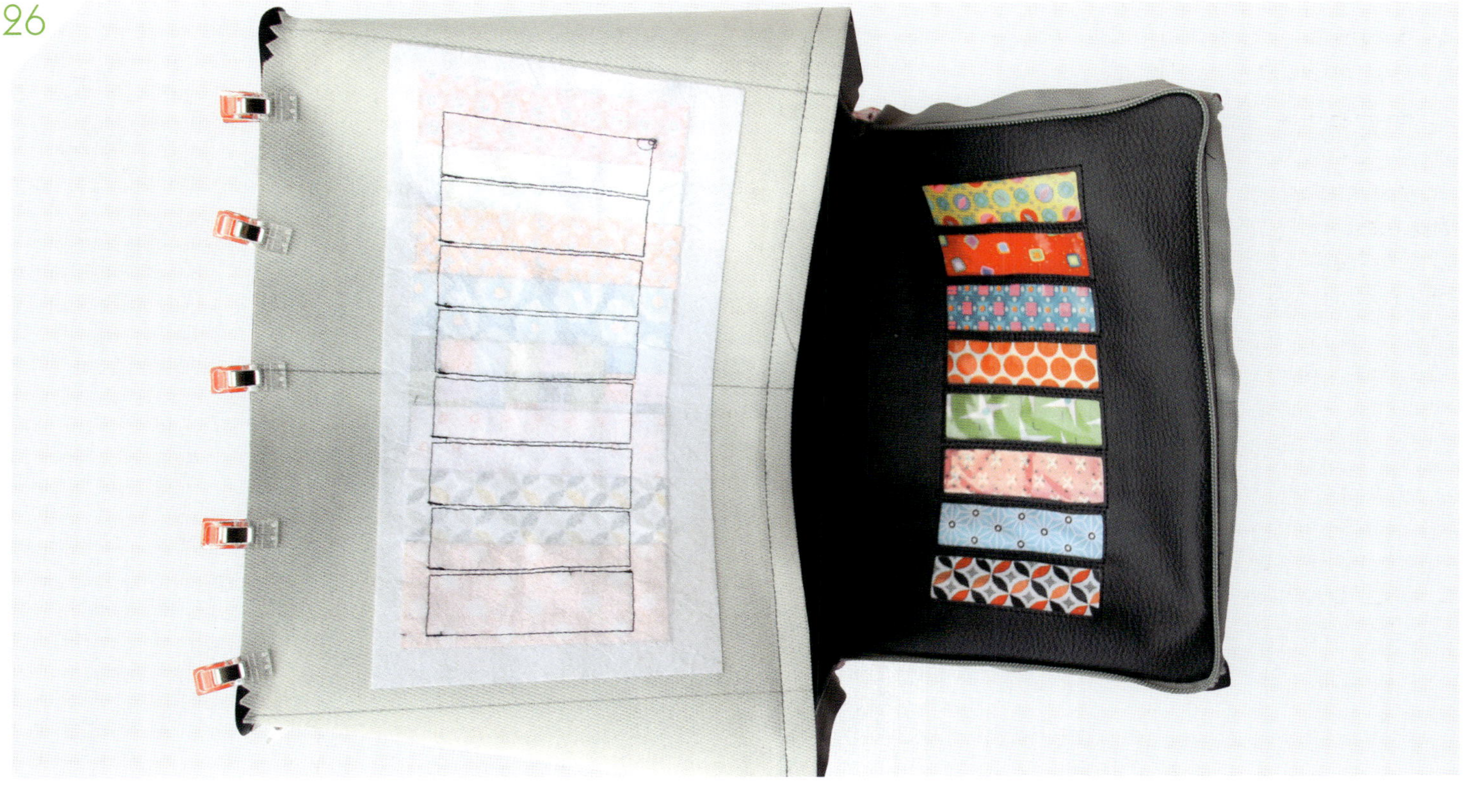

4 PRÉPARATION DE LA DOUBLURE

Coupez les deux pièces de la lunch-box dans la doublure en coton enduit et dans l'isolant thermique à l'aide du patron, sans rajouter de marge de couture (Photo 27)

Superposez le côté aluminium de l'isolant contre l'envers de la doublure. Solidarisez-les par un point zig-zag tout le tour. Au dos des deux pièces ainsi obtenues, marquez les repères de milieu ainsi que l'emplacement des séparations (Photo 28).

Épinglez le tour de la lunch-box avec le fond en faisant correspondre les repères de milieu. Les extrémités du tour doivent coïncider avec la séparation du fond (Photo 29). Piquez en débutant et terminant la couture à 1 cm des extrémités. Laissez une ouverture d'une quinzaine de centimètres sur la face avant afin de pouvoir retourner votre ouvrage plus tard.

Épinglez la partie dos aux extrémités du tour. Les hauteurs doivent correspondre (Photo 30). Démarrez la couture du bas de la lunch-box à l'intersection de la couture précédente , puis arrêtez la couture à 1 cm du bord supérieur.

La doublure de votre lunch-box est terminée.

27

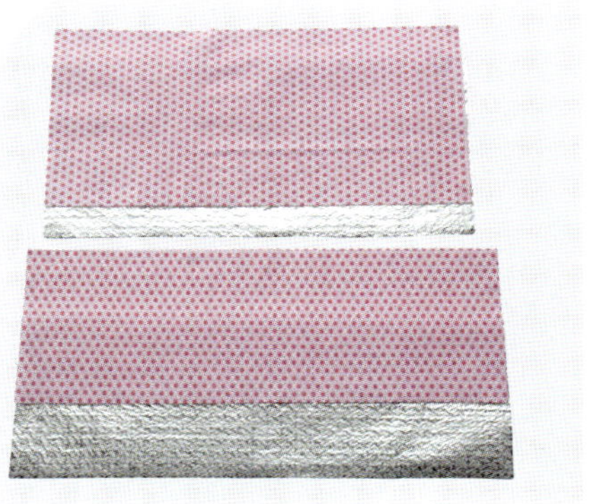

28

29

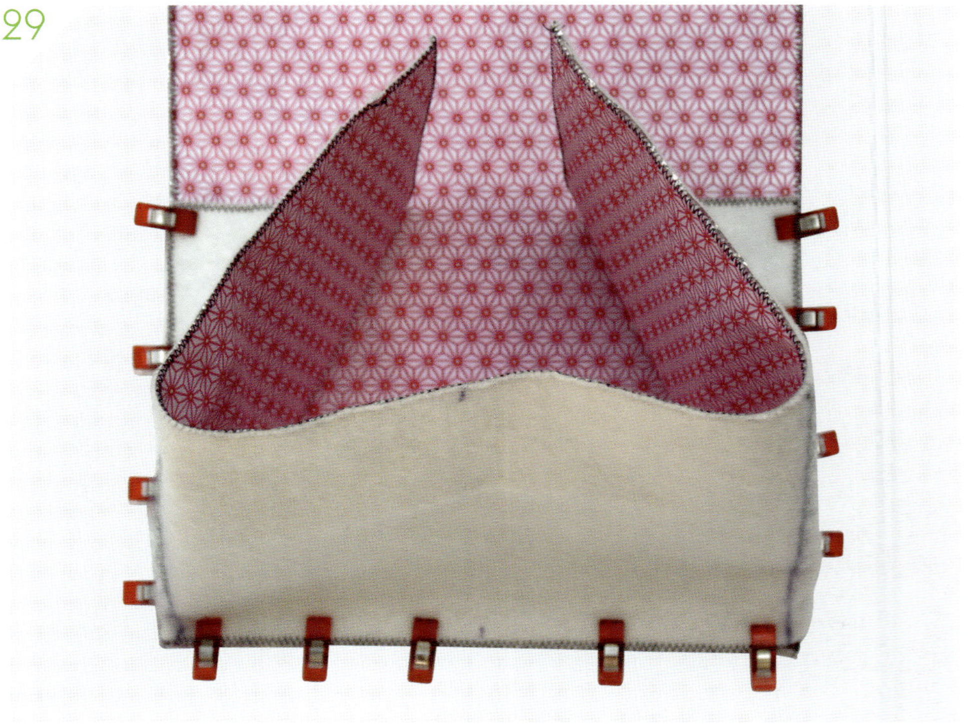

30

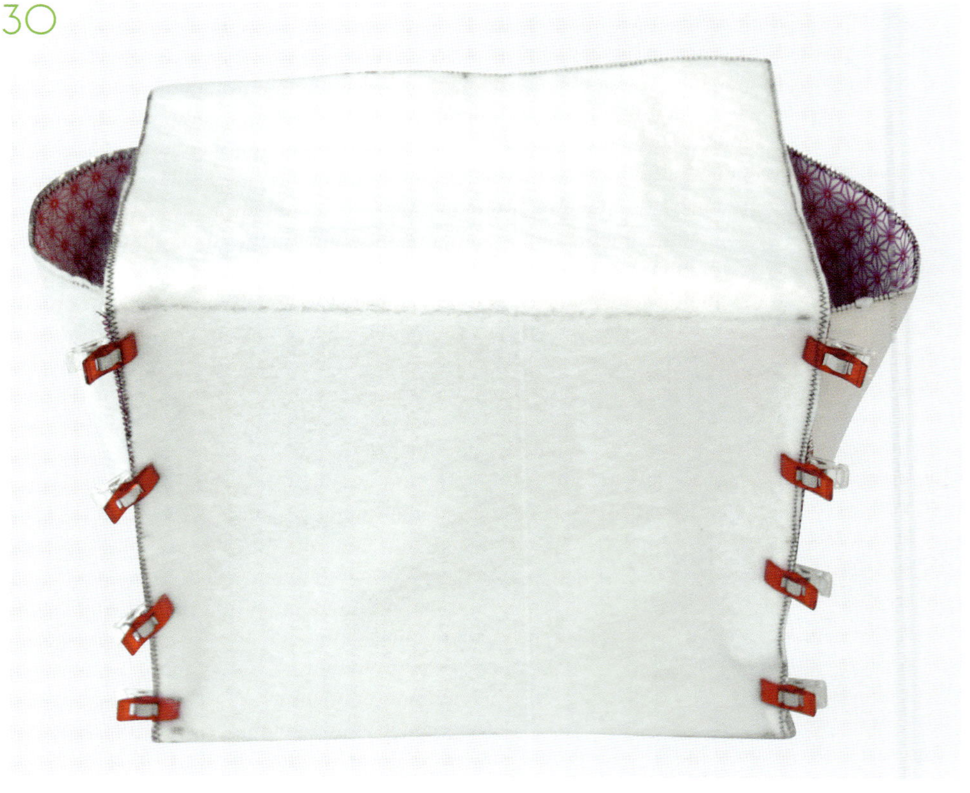

31

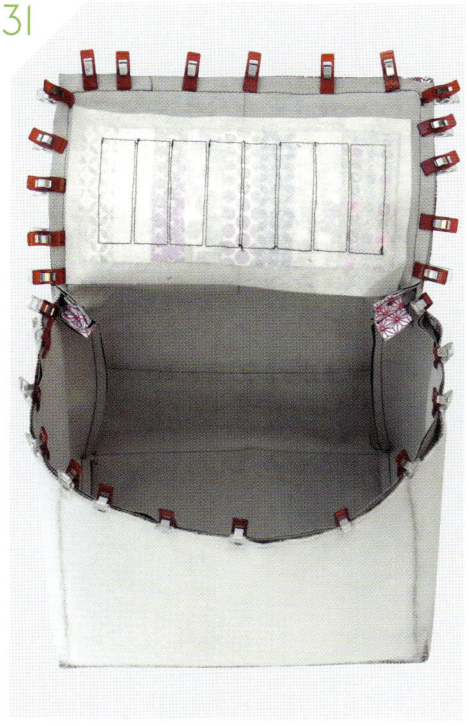

32

33

34

35

36

5 ASSEMBLAGE FINAL

Insérez votre lunch-box en simili-cuir à l'intérieur de sa doublure, endroit contre endroit. Épinglez en faisant correspondre les repères de milieu et de séparation. Ceci tout le long de l'ouverture et du « couvercle » (Photo 31).

Piquez, le simili sous le pied de biche, en suivant la ligne de couture existante, sans jamais la dépasser, à l'aide du pied spécial fermeture Éclair. Piquez d'abord l'ouverture en essayant d'aller le plus loin possible aux extrémités. La partie non atteignable avec la machine sera fermée plus tard à la main. Faites de même avec le couvercle et n'hésitez pas à repasser dans les arrondis pour être au plus près de la couture précédente. Éclaircissez les coutures aux ciseaux cranteurs. (Photo 32)

Passez votre ouvrage sur l'endroit par l'ouverture laissée dans la doublure. Arrangez bien la doublure dans les angles.

Aux extrémités de la fermeture Éclair, rentrez la doublure le long du ruban de la fermeture Éclair. Faites des points glissés à la main en veillant à ne pas traverser le ruban de la fermeture Éclair avec l'aiguille ce qui serait visible sur l'endroit (Photo 33).

Épinglez bord à bord l'ouverture laissée dans le fond de la doublure puis fermez à la main, à points glissés (Photo 34) (voir explication page 10).

Au crayon blanc, marquez l'emplacement de la sangle sur les côtes de la lunch-box, à 7 cm du bord supérieur et 7,5 cm de la couture latérale. (Photo 35). Piquez la sangle en réalisant un carré de 3,5 cm de côté ainsi que les diagonales (Photo 36). Veillez à ce que la doublure soit bien à sa place au moment de la couture.

Voilà, votre lunch-box est terminée ! Il ne reste plus qu'à décorer le curseur de la fermeture Éclair par une petite pampille (voir sac bandoulière pampille page 30)

L'ÉTUI à couverts

Voilà un étui à couverts pour ne plus les oublier, pour les ranger, propres puis sales, avec en plus un compartiment dédié à la serviette. En simili-cuir et coton enduit, un coup d'éponge et l'étui est propre. Ses dimensions lui permettent de voyager dans la lunch-box.

LES FOURNITURES :

- 60 x 15 cm de simili-cuir rose (l'extérieur de l'étui)
- 65 x 15 cm de coton enduit (la doublure et l'étiquette décorative)
- 35 x 15 cm de plastique cristal (la poche intérieure)
- 20 x 10 cm de simili-cuir pailleté argent (le décor)
- 30 cm de biais rose en 20 mm de large
- 20 x 10 cm d'entoilage thermocollant de type Vlieseline H250
- Une pression en résine

Avant de commencer...

Rajoutez 1 cm de marge de couture à la pièce figurant sur le patron. Pour les autres pièces, reproduisez-les aux dimensions souhaitées.

Les appliqués sont à reproduire à la taille figurant sur le patron.

DIFFICULTÉ :
**

Planche : **VERSO**
Patron : **MARRON**

COMMENT FAIRE ?

1

1 COUPE DES PIÈCES DE TISSUS

À l'aide du patron, en rajoutant 1 cm de marge de couture, coupez une pièce dans le simili-cuir rose et une pièce dans la doublure en coton enduit.

Coupez un rectangle de 32 x 14 cm dans la plastique cristal, un rectangle de 18 x 9 cm dans le simili-cuir pailleté, et enfin un carré de 5 cm de côté dans le coton enduit de la doublure (Photo 1).

2 RÉALISATION DU DÉCOR

Sur l'envers de la pièce en simili-cuir, marquez la ligne de pliure de l'étui (Photo 2)

Sur la partie non-adhésive de l'entoilage thermocollant, décalquez les trois couverts. Thermocollez le décor au dos de la pièce en simili de sorte que le bas des couverts se situe à 1,5 cm de la ligne de pliure centrale (Photo 3). Centrez verticalement.

Avec une paire de ciseaux de broderie, évidez l'intérieur de chaque couvert. Commencez par évider de façon grossière (Photo 4) puis finement sur le trait de crayon (Photo 5).

Appliquez la colle blanche en baton sur l'envers, sur tout le pourtour des couverts (Photo 6). Collez la pièce en simili pailleté, endroit contre envers (Photos 7 et 8).

2

3

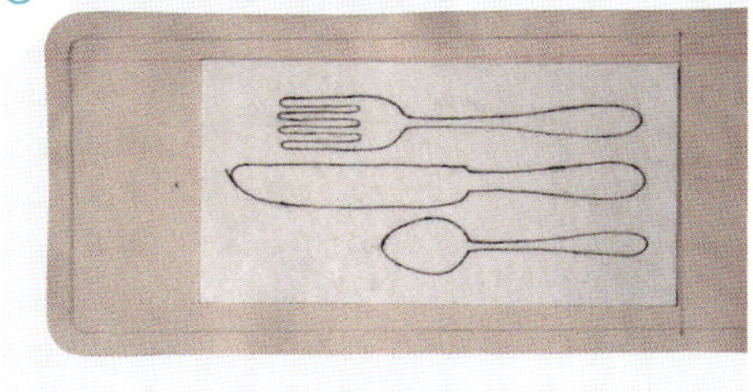

4

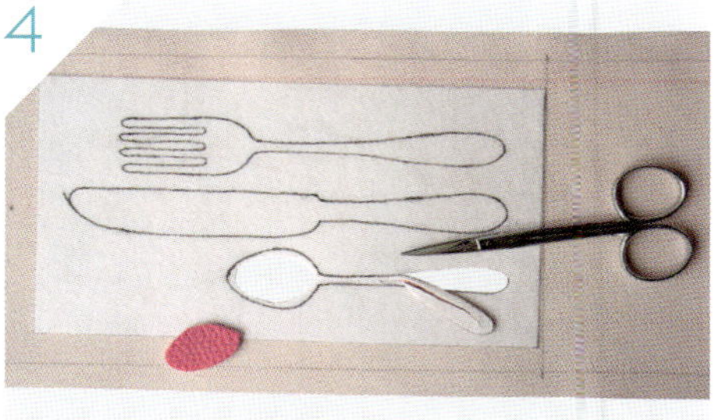

5

6

7

8

À l'aide du pied en Téflon, piquez à 1-2 mm des contours des couverts en simili-cuir (Photo 9). Pour que les dents de la fourchette ne bougent pas au passage du pied de biche, maintenez-les en place pendant la couture, à l'aide de la pointe d'une paire de ciseaux.

9

10

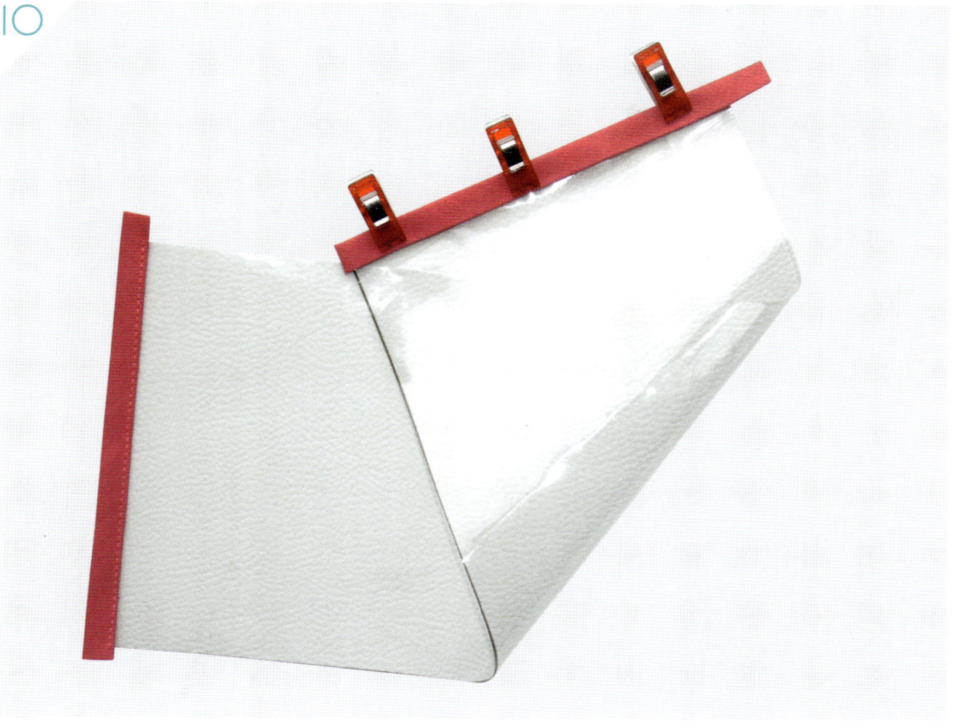

11

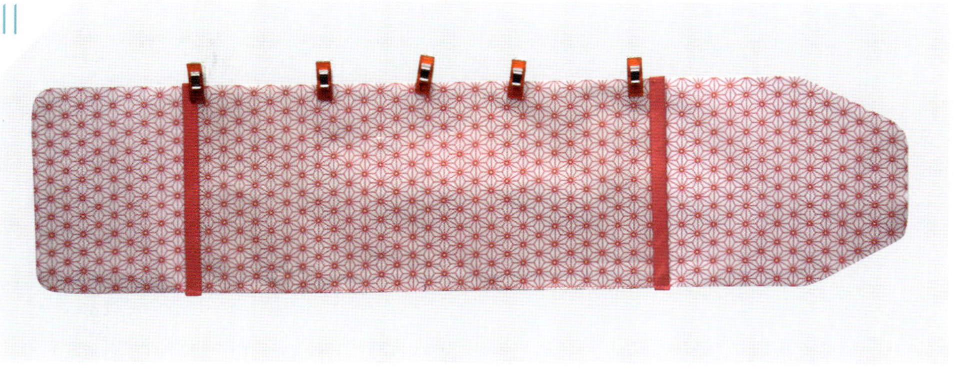

12

13

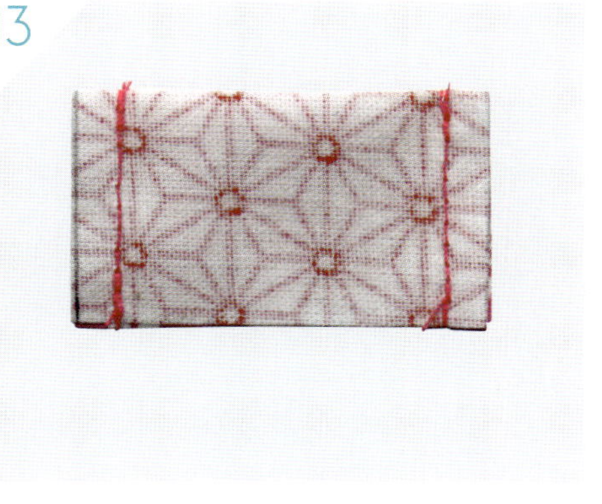

14

3 RÉALISATION DES POCHES INTÉRIEURES

Coupez le biais en deux parties égales. Épinglez-le aux extrémités de la pièce en plastique cristal. Profitez de la transparence pour bien répartir le biais à cheval sur le plastique, et ainsi permettre sa couture en une seule opération (Photo 10).

Marquez le milieu de la pièce en plastique cristal ainsi que le repère de pliure sur la doublure en coton enduit. Épinglez cette pièce en plastique cristal sur la doublure en faisant correspondre ces repères (Photo 11). Piquez à 2 mm des bords.

À l'aide d'un crayon à encre effaçable, tracez le milieu de la pochette plastique ainsi que les deux perpendiculaires formant les trois compartiments à couverts. La première perpendiculaire se situe à 5 cm du bord, la seconde à 4 cm de la première. Piquez en insistant sur les ouvertures des poches (Photo 12). Retirez les traits de crayon.

RÉALISATION DE L'ÉTIQUETTE DÉCORATIVE

Pliez en deux le carré de coton enduit, endroit contre endroit. Piquez (Photo 13).

Passez cette étiquette sur l'endroit en arrangeant les angles puis piquez-la à environ 7 cm du bord supérieur de l'étui en simili, marge de couture comprise (Photo 14)

5 MONTAGE FINAL

Épinglez la pièce en simili-cuir sur la doublure, endroit contre endroit (Photo 15). Piquez sur la ligne de tracé en laissant une ouverture d'une quinzaine de centimètre sur la partie arrière de l'étui afin de pouvoir retourner plus tard (Photo 16).

Éclaircissez les coutures aux ciseaux cranteur sauf au niveau de l'ouverture (Photo 17).

Retournez votre ouvrage sur l'endroit avec délicatesse et patience. Ne forcez pas car l'adhérence du plastique cristal rend cette étape difficile. Mettez bien les angles en place grâce à la baguette chinoise.

Posez les pinces sur tout le pourtour de l'étui afin de coucher les coutures (Photo 18). Piquez avec le simili sous le pied de biche en Téflon à 1-2 mm des bords. Utilisez un point un peu plus large. En plus d'aplatir les coutures, cette étape permet de fermer l'étui (Photo 19).

Repérez l'emplacement de la pression sur le rabat (Photo 20). Trouez à l'aide d'un poinçon puis fixez la partie male de la pression à l'aide de la pince (Photo 21). Repérez l'emplacement de la pression femelle sous le rabat puis procédez à la fixation de la pression comme précédemment (Photo 22).

Voilà votre étui à couverts terminé ! Il ne reste plus qu'à le garnir : d'un côté les couverts, de l'autre la serviette et c'est parti pour la pause repas. Bon appétit !

15

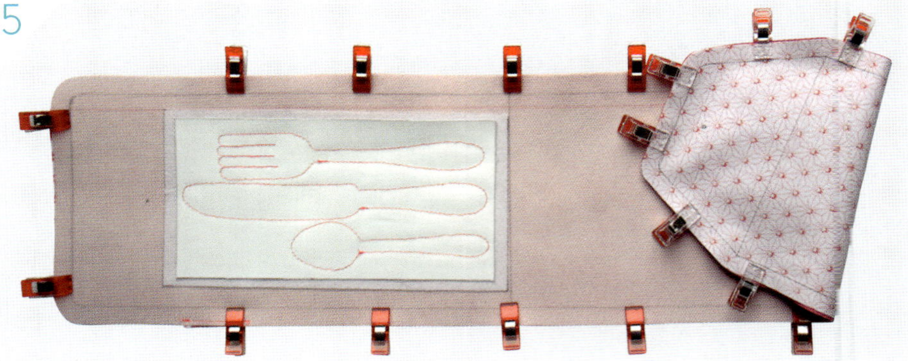

16

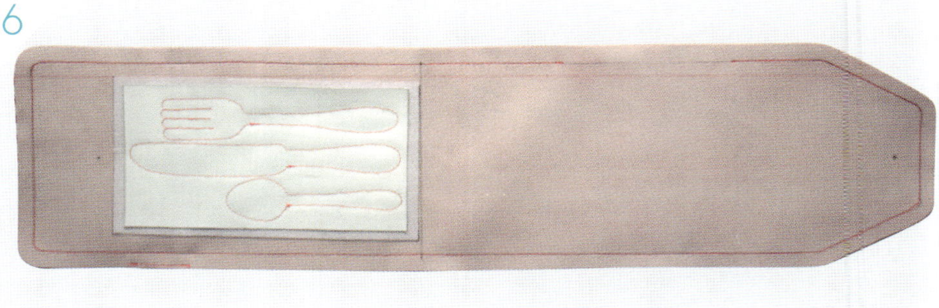

17

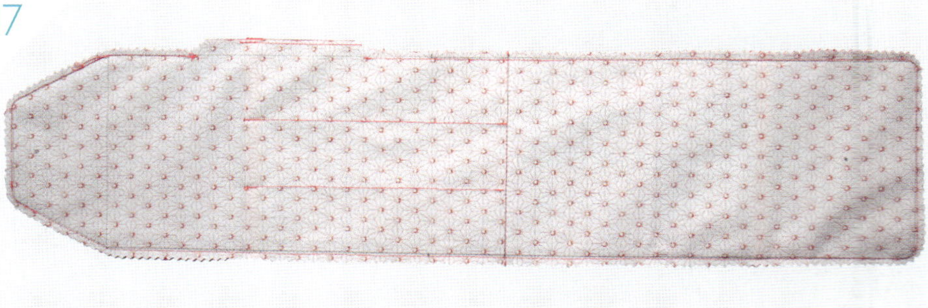

18

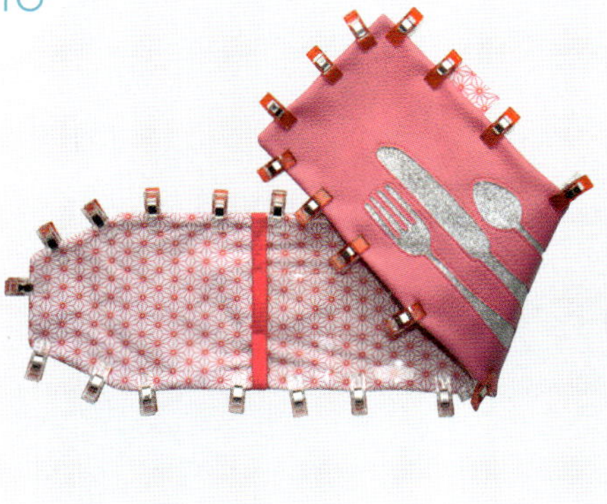

19

20

21

22

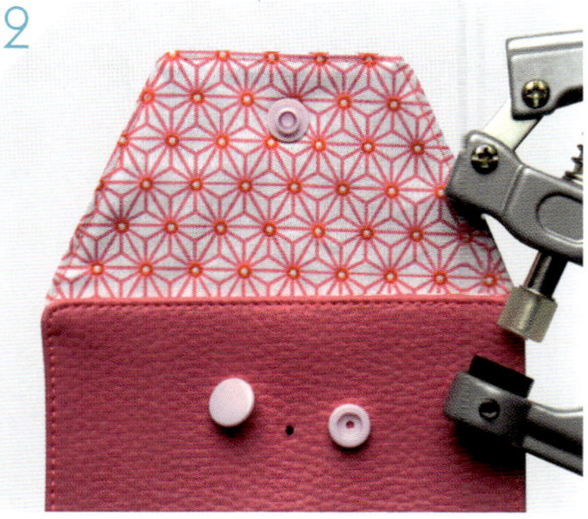

LES ACCESSOIRES DE DÉCORATION

LA GUIRLANDE de prénoms

Cette guirlande pourra tout aussi bien être réalisée à l'occasion d'une naissance, d'un anniversaire, d'un mariage, d'un baptême, pour décorer le lieu de fête.

LES FOURNITURES :

Pour chaque lettre :

- Une chute de toile cirée de la hauteur et de deux fois la largeur de la lettre choisie
- Une chute de ouate de la taille de la lettre environ
- 6 cm de gros grain ou de ruban de 1, 5 cm de large

Pour l'accrochage :

- Du câble métallique ou de la ficelle
- Des petites pinces à linge
- Des clous

Avant de commencer...

Les lettres ne figurent pas sur la planche patron. Téléchargez sur internet l'alphabet de votre choix dont vous adaptez la taille. Sur notre modèle, les lettres mesurent 20 cm de hauteur.

DIFFICULTÉ :
*

COMMENT FAIRE ?

1 COUPE DES PIÈCES NÉCESSAIRES

Après avoir choisi votre lettre, imprimez-la sur de la cartonnette puis découpez-la. Cette pièce vous servira de gabarit.

Coupez la toile cirée de la hauteur et de deux fois la largeur de la lettre choisie.

Coupez la ouate de la taille de la lettre plus 1 cm. (Photo 1)

2 MONTAGE DE LA LETTRE

Pliez la toile cirée en deux, envers contre envers. Tracez les contours de la lettre à l'aide du gabarit. Insérez la couche de ouate entre les deux épaisseurs de toile cirée. (Photo 2)

Piquez sur l'ensemble des traits avec le pied en Téflon. (Photo 3) À l'aide des ciseaux cranteurs, coupez à 0,5 cm de la piqûre. (Photo 4)

Pour les lettres qui le nécessitent, évidez-les avec des petits ciseaux pointus, cela facilitera l'utilisation des ciseaux cranteurs. (Photo 5)

1

2

3

4

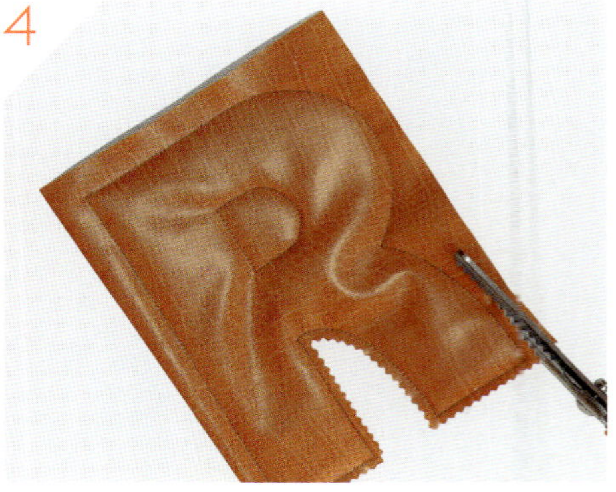

5

6

3 RÉALISATION DE L'ATTACHE

Suspendez la lettre entre vos deux doigts afin de trouver son point d'équilibre. À cet endroit, défaites la couture sur 2 cm puis insérez le ruban plié en deux. Piquez sur la couture précédente. (Photo 6)

Selon la forme de la lettre, pour l'équilibrer, n'hésitez pas à réaliser deux points d'attache.

4 ACCROCHAGE AU MUR

Passez le câble métallique ou la ficelle dans l'attache de chacune des lettres. Répartissez les lettres puis fixez-les avec des petites pinces à linge. Fixez votre support au mur en enroulant les extrémités autour de deux clous.

LE MOBILE aux oiseaux

Ce mobile est présenté avec cinq oiseaux. Pour un mobile plus léger, trois oiseaux peuvent suffire. Les oiseaux peuvent aussi être présentés non suspendus, posés sur un meuble ou comme décor de table, avec le prénom du convive brodé sur le corps. Dans ce cas, vous supprimerez l'œillet central.

LES FOURNITURES :

Pour chaque oiseau

- Un coupon de 35 x 18 cm de toile cirée unie (le corps)
- Un coupon de 28 x 24 cm de toile cirée à motifs ou unie (la grande aile)
- Un coupon de 20 x 9 cm de coton enduit chamarré (la petite aile)
- Une petite chute de simili-cuir jaune (le bec)
- Une chute de toile thermocollante de type Vlieseline H250
- Quelques sequins
- Quelques perles de rocaille
- Des fils de mouliné noir (DMC 310), rose fluo (DMC U2019-F), vert d'eau (DMC 913), vert fluo (DMC U2019-G), turquoise (DMC 3845) et parme (DMC 209)
- 3 petits œillets
- 20 cm de ruban en 3 mm de large.

Pour le montage

- Un cercle de 20 cm de diamètre (ici une anse de sac en bois)
- Une chute de 130 x 2 cm de coton enduit
- 5 perles « miracle » de 18 mm de diamètre
- Une chute de 7 x 4 cm dans 4 cotons enduits différents
- Des rubans en 3 mm de large : fuchsia (16 cm), vert anis (50 cm), orange (60 cm), rose (70 cm) et turquoise (80 cm)
- 5 perles ordinaires d'au moins 0, 5 cm de diamètre
- De la colle à tissu
- Un étrier

Avant de commencer…

Ne rajoutez pas de marge de couture aux éléments figurant sur le patron.

Les explications concernant le décor du corps des oiseaux sont sur la planche patron.

DIFFICULTÉ :
**
Planche : **VERSO**
Patron : **ORANGE**

COMMENT FAIRE ?

1 COUPE DES DIFFÉRENTES PIÈCES DE TISSUS

Reproduisez le patron des quatre pièces de l'oiseau (bec, corps, grande aile, petite aile) sur de la cartonnette. Cela vous servira de gabarit.

Entoilez vos tissus.

À l'aide des gabarits, tracez, pour le recto et le verso, en retournant le gabarit : deux pièces pour le bec dans le simili-cuir jaune, deux pièces pour le corps dans la toile cirée unie, et deux pièces pour la grande aile dans la toile cirée à motif ou unie.

Tracez une seule petite aile dans le coton enduit. Coupez les sept pièces. (Photo 1)

2 DÉCOR DU CORPS DE L'OISEAU

Après avoir tracé les motifs au feutre à encre effaçable, brodez-les avec deux fils de mouliné au point indiqué sur le patron.

Cousez les sequins et les perles de rocaille. (Photo 2)

3 PRÉPARATION ET MONTAGE DU CORPS

Fixez les deux parties du corps avec de la colle, envers contre envers, puis piquez à 1-2 mm des bords. (Photo 3)

Collez les deux parties du bec, puis piquez-les. (Photo 4)

Fixez les sequins et les perles au bout de la queue, sur le recto et le verso, en une seule opération.

Brodez les yeux à points lancés, avec deux fils de mouliné noir, aux emplacements prévus sur le patron. (Photo 5)

1

2

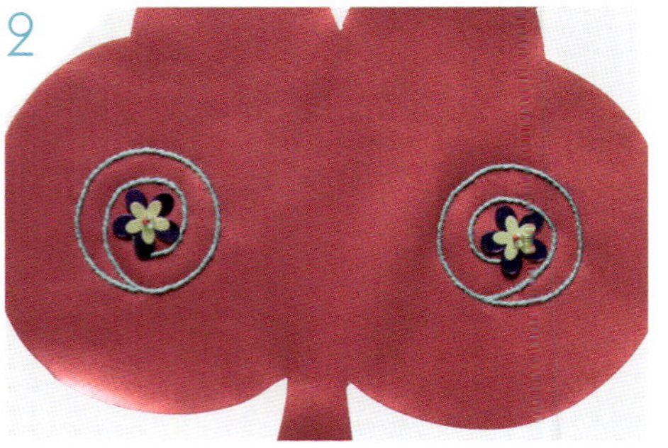

3

4

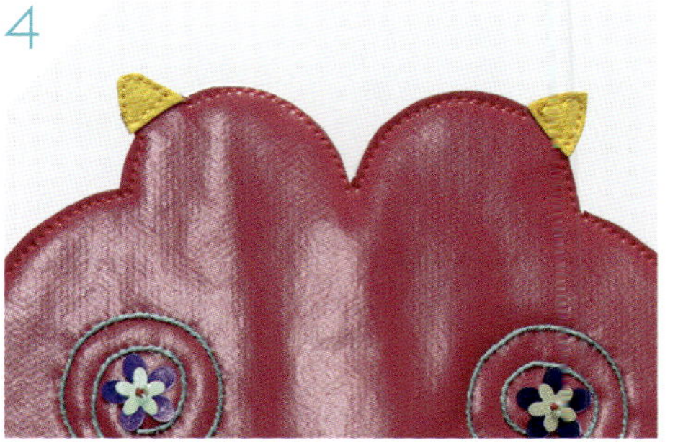

5

6

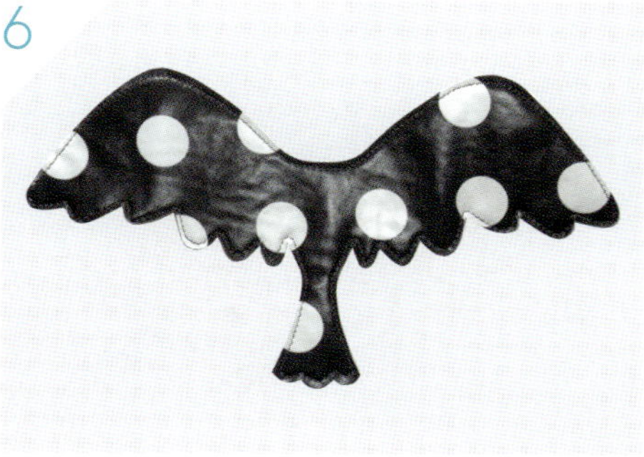

7

8

9

10

4 PRÉPARATION DES AILES

Collez les grandes ailes, l'une sur l'autre, envers contre envers, puis piquez à 1-2 mm des bords. (Photo 6)

Collez la petite aile sur la grande, puis piquez à 1-2 mm des bords. (Photo 7)

5 ASSEMBLAGE ET FINITIONS

Piquez l'aile sur le corps en suivant la ligne de couture figurant sur le patron. (Photo 8)

Fixez les trois œillets aux emplacements prévus sur le patron, en suivant les explications du fabricant. (Photo 9)

Passez le ruban dans les deux œillets figurant sous le cou de l'oiseau puis faites un joli nœud. (photo 10)

Faites quatre autres oiseaux en suivant les mêmes explications.

11

6 MONTAGE DU MOBILE

Habillez le cercle à l'aide du ruban en coton enduit. (Photo 11)

Avec la colle à tissu, fixez les extrémités de départ et d'arrivée. Le temps du séchage, maintenez ces extrémités à l'aide de pinces à linge.

Coupez les rubans : 16 cm de fuchsia, 26 cm de vert, 36 cm de orange, 46 cm de rose et 56 cm de turquoise. Passez la perle ordinaire à l'extrémité de chaque ruban. Bloquez-la par un nœud. Passez ce ruban à travers l'œillet de l'oiseau. (Photo 12)

12

13

Enfilez la perle « miracle ». Fixez chaque ruban sur le cercle, séparés de 12, 5 cm, avec la colle à tissu et quelques points à la main. Positionnez-les par ordre de longueur. (Photo 13)

14

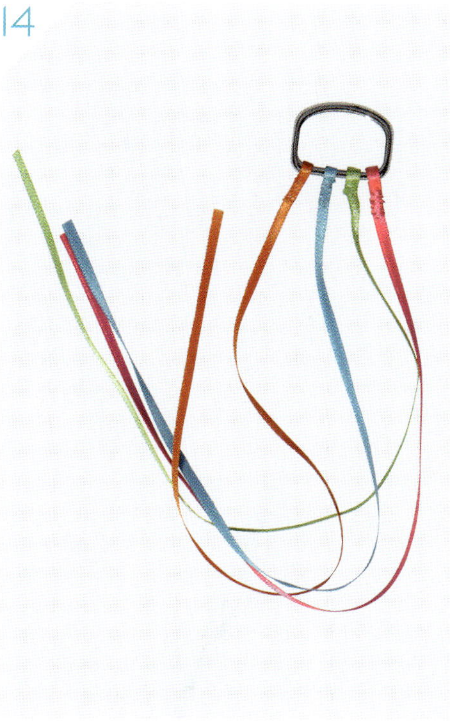

15

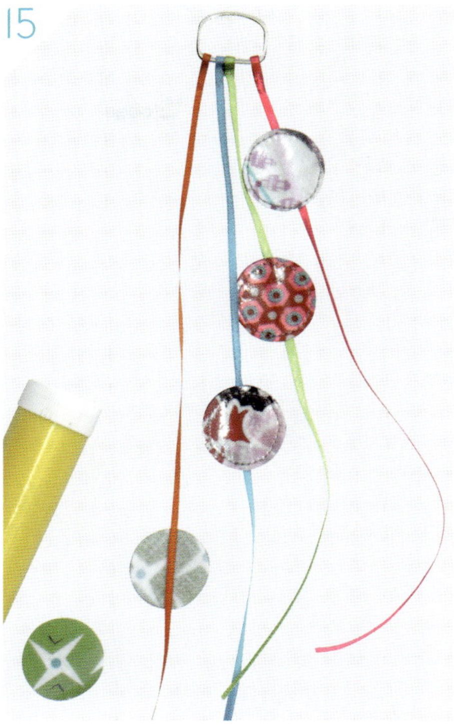

Passez les 25 cm des 4 rubans restants à travers l'étrier. Fixez l'extrémité avec quelques points à la main. (Photo 14)

Dans les 4 chutes de cotons enduits, tracez puis découpez 2 cercles de 3 cm de diamètre environ (servez-vous d'une bobine). Collez-les sur chaque ruban, puis piquez à 2 mm du bord. (Photo 15)

Fixez chaque ruban sur le cercle, à chaque quart, à l'aide de quelques points à la main. (Photo 16)

Votre mobile est terminé, il n'y a plus qu'à le suspendre par l'étrier !

16

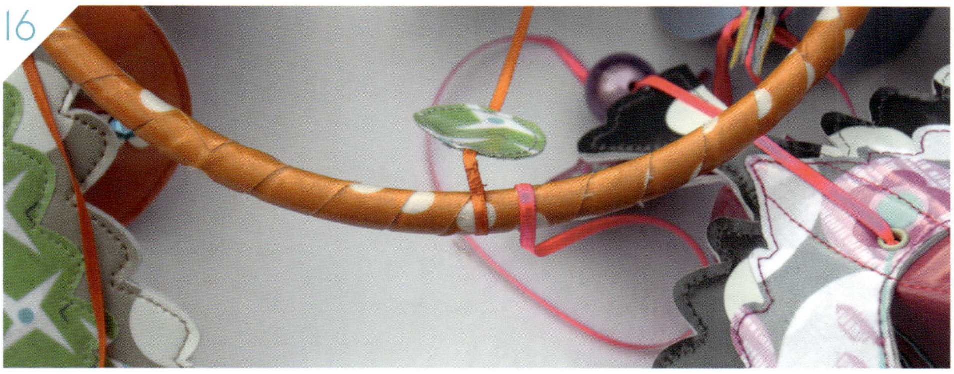

LE RIDEAU *de porte-fenêtre*

Pour embellir votre porte-fenêtre sans perdre de luminosité, rien de tel que ce rideau lumineux et coloré. Bien plus élégant que le rideau à chenilles de nos grands-mères, il éloignera tout aussi bien les mouches !

Aimant les mélanges de couleurs, j'ai choisi d'utiliser un assortiment de toiles cirées et de cotons enduits dans 63 tissus différents, à ra son de 4 disques par tissu.

Vous pouvez faire un rideau tout aussi joli en choisissant un camaïeu de 4-6 tissus différents dont vous adapterez le nombre de disques.

La toile cirée offrant un large choix de décor et étant peu onéreuse, elle se prête très bien à ce projet.

LES FOURNITURES :

- Des chutes de toiles enduites, toiles cirées, simili-cuirs... unis ou/et chamarrés dont la taille variera selon le nombre de toiles choisies. Le coupon sera d'autant plus grand que la variété de tissus sera moindre. Dans le cas présent, des chutes de 26 x 6 cm dans 63 toiles cirées et enduites différentes
- 9 rubans de couleurs différentes, de 2, 50 m en 0,6 cm de large
- Un coupon de toile enduite de 92 x 9 cm
- Un tourillon de 1,5 cm de diamètre de la largeur de votre fenêtre, ici 90 cm
- 2 gonds à visser

Avant de commencer...

Ce projet ne nécessitant qu'un disque et un rectangle, ces pièces ne sont pas présentes sur la planche patron. Coupez-les à la taille indiquée.

DIFFICULTÉ :
*

COMMENT FAIRE ?

1

2

3

1 COUPE DES DIFFÉRENTES PIÈCES DE TISSU

Dans les soixante-trois tissus différents, tracez 4 cercles de 5,5 cm de diamètre. (Photo 1)

N'hésitez pas à vous servir d'un couvercle de bocal comme gabarit. Coupez.

Dans la toile enduite, coupez une bande de 92 x 9 cm. (Photo 2)

2 PRÉPARATION DES RUBANS

Organisez la répartition des cercles le long de chacune des 9 bandes. (Photo 3)

Sur le ruban, marquez l'emplacement des cercles par un repère tous les 15 cm, en démarrant le marquage à 5 cm de l'extrémité du ruban. Vous faites de même pour les 8 autres rubans si vous souhaitez que vos cercles soient alignés. Si vous souhaitez intercaler vos cercles d'une bande à l'autre, vous démarrerez le marquage à 12,5 cm, une bande sur deux.

Fixez le centre d'un cercle à l'emplacement du marquage à l'aide d'une bande de ruban peu adhésif, puis collez le second cercle sur le premier, envers contre envers. (Photo 4)

Piquez à 2 mm du bord. (Photo 5)

Pour éviter que les cercles pendent pendant la couture, n'hésitez pas à les rassembler avec une pince.

Ainsi, réalisez les neuf rubans.

4
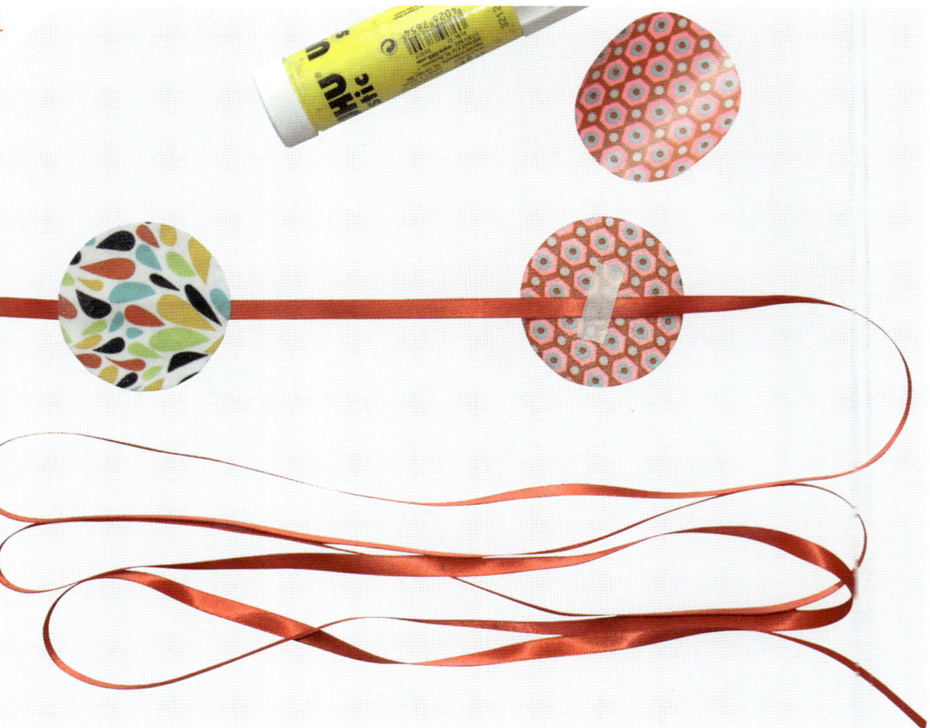

5

6

7

8

3 MONTAGE DU RIDEAU

Cousez un rentré de 1 cm sur les petits côtés de la bande de coton enduit.

Répartissez les neuf rubans sur l'endroit de la bande de coton enduit. La première se situe à 3 cm de l'extrémité, puis tous les 10,5 cm. Piquez à 1 cm du bord. (Photo 6)

Faites un rentré de 1 cm sur les deux grandes longueurs de la bande de coton enduit. Pliez la bande en deux, dans la longueur, envers contre envers, puis fixez le temps de la couture par des trombones ou des pinces. (photo 7)

Piquez à 1-2 mm du bord. (Photo 8)

Votre rideau est prêt. Il n'y a plus qu'à glisser le tourillon à l'intérieur de la coulisse et à fixer le rideau à la portefenêtre avec 2 gonds à visser.

L'OISEAU
marque-place

Ce petit oiseau décoratif, brodé au prénom d'un convive, pourra servir à décorer une table de fête. Il pourra également décorer une clef de meuble, un rétroviseur de voiture ou simplement servir de porte-clefs.

LES FOURNITURES :

- 9 x 9 cm de simili-cuir bleu (le corps)
- 4 x 4 cm de simili-cuir jaune (le bec)
- 5 x 5 cm de coton enduit chamarré (l'aile)
- 15 x 10 cm d'entoilage thermocollant de type Vlieseline H250
- 2 sequins ronds argentés (les yeux)
- 1 perle
- 1 œillet
- 1 chute de ouate en plaque
- Des fils de mouliné DMC vert pomme n°907 (la broderie)
- 16 cm de ruban satin en 3 mm de large (la suspension)
- 5 cm de 5 rubans satins différents de 3 mm de large (la décoration de l'aile)
- 12 cm de 3 rubans en organza de 6 mm de large (la queue)
- 12 cm de 3 rubans satin de 3 mm de large (la queue)
- 2 x 6 cm de ruban satin en 3 mm de large (les pattes)

Avant de commencer...

L'aile et le corps de l'oiseau sont à reproduire sans rajouter de marge de couture.

DIFFICULTÉ :
******

Planche : **RECTO**
Patron : **ROUGE**

COMMENT FAIRE ?

1
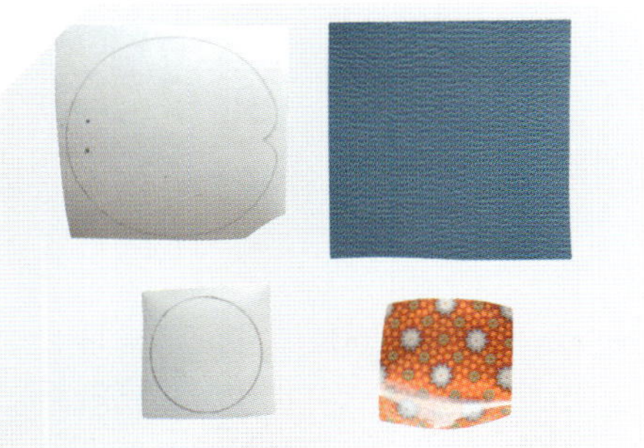

2
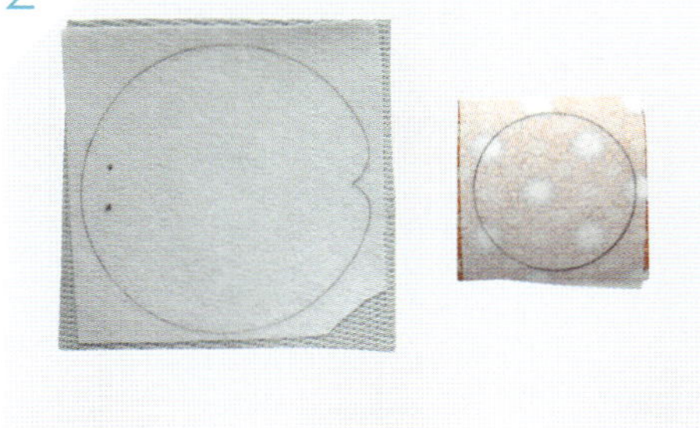

3
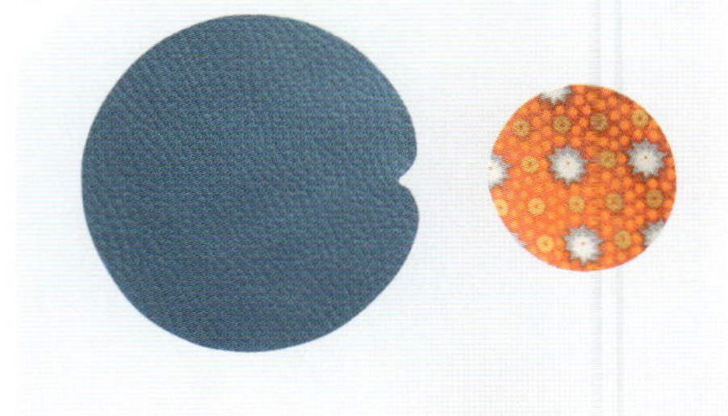

Décalquez le corps de l'oiseau ainsi que l'aile sur la partie non enduite de colle de l'entoilage thermocollant. Coupez un carré de 9 cm de côté dans le simili-cuir et un carré de 5 cm de côté dans le coton enduit (Photo 1).

Thermocollez la Vlieseline au dos des tissus (Photo 2) puis découpez précisément les pièces sur le trait à l'aide des petits ciseaux de broderie (Photo 3).

Au dos de l'aile, tracez deux diamètres perpendiculaires et coupez 5 cm de ruban satin de 3 mm de large dans cinq coloris différents (Photo 4).

Pliez les rubans satin en deux puis fixez-les sur la moitié inférieure de l'aile en commençant par celui du milieu. Fixez avec un bout de ruban adhésif en faisant en sorte qu'1,5 cm de ruban dépasse du cercle (Photo 5). Répartissez les rubans harmonieusement sans monter trop vers la ligne horizontale, cela masquerait l'œil ultérieurement (Photo 6).

Collez l'aile au centre du corps (Photo 7) puis piquez à 1-2 mm du bord à l'aide du pied en Téflon (Photo 8).

Avec le crayon à encre effaçable, marquez le prénom du destinataire (Photo 9) puis brodez-le au point de tige avec deux brins de mouliné (voir « Leçon de points » page 8) (Photo 10).

Marquez l'emplacement des yeux, puis piquez les sequins en faisant des points répartis en étoile (Photo 11).

4
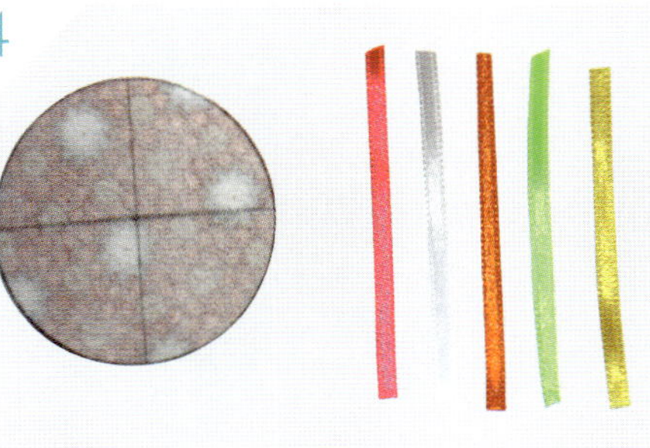

5
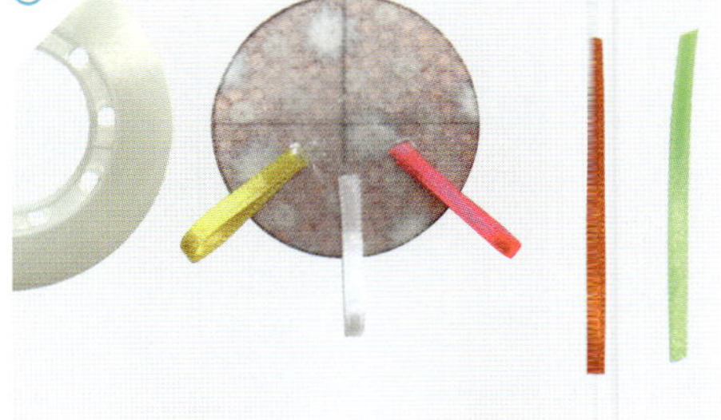

6
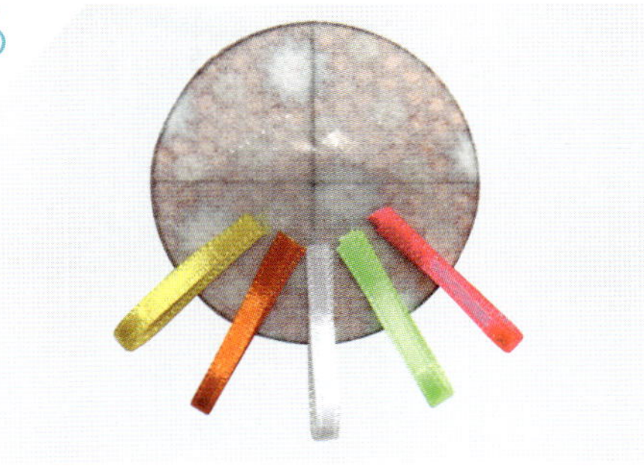

7
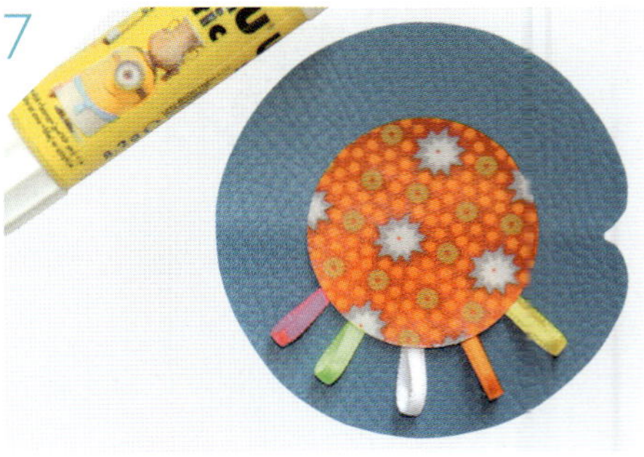

8

9

10

11

12

13

14

15

16

17

18

19

20

21

22

Pour le bec, coupez un carré de simili jaune de 4 cm de côté (Photo 12). Pliez-le dans la diagonale (Photo 13) puis piquez à la largeur du pied de biche (Photo 14). Coupez l'excèdent de simili à 1-2 mm de la couture (Photo 15).

Coupez les trois rubans d'organza et les trois rubans satin de 12 cm chacun pour les plumes de la queue. Coupez deux rubans satin de 6 cm pour les pattes. Faites un nœud plat au tiers de la longueur (Photo 16).

Au niveau de l'arrondi du corps de l'oiseau, fixez les rubans pliés en deux à l'aide de petits morceaux de ruban adhésif. Alternez les couleurs et les matières. Fixez de la même façon les pattes et le bec (Photo 17). Posez un petit morceau de ouate que vous découperez à la forme d'un demi corps (Photo 18). Rabattez les deux moitiés de corps l'un sur l'autre puis maintenez-les à l'aide des pinces (Photo 19). Piquez à 1-2 mm des bords avec le pied Téflon (Photo 20).

Repérez l'emplacement de l'œillet, au centre de l'aile et à 0,5 cm du bord puis fixez l'œillet à l'aide des explications du fabriquant (Photo 21).

Passez votre ruban de 16 cm dans l'œillet. Passez la perle dans les deux extrémités puis faites un nœud suffisamment gros pour ne pas que la perle s'échappe (Photo 22).

CARNET D'ADRESSES

Le blog de l'auteur

http://roussetteorange.canalblog.com

Les pages Facebook de l'auteur

https://www.facebook.com/RoussetteAlOrange

https://www.facebook.com/Roussetteaddicts

Où acheter du tissu :

Tissus Reine :
3-5 place saint Pierre 75018 Paris pour le simili-cuir au mètre.

Mondial Tissu :
http://www.mondialtissus.fr pour le simili-cuir, la toile outdoor et le coton

Zébuline :
http://www.zibuline.com pour les feuilles de simili-cuir aux nombreuses nuances de couleurs

Ki-sign :
https://www.ki-sign.com pour les simili-cuirs irisés et pailletés

Indigotex : http://www.indigotex.fr pour le simil -cuir

Petit Pan : http://www.petitpan.com pour le coton enduit et le coton

Sans oublier **les marchés** et **les grandes surfaces** pour le plastique cristal et la toile cirée.

Où acheter une machine à coudre :

La maison de la couture :
http://www.lamaisondelacouture.com

REMERCIEMENTS

Ce livre n'aurait pas pu voir le jour sans celles et ceux qui, directement ou indirectement, m'ont apporté leur aide et leur soutien.

Mes premières pensées vont à Cyril, l'Homme de ma vie qui a su m'écouter, m'épauler, me soutenir, me supporter lorsque c'était nécessaire.

Un grand merci à nos quatre enfants, Lucile, Noé, Eliot et Mahé pour ne jamais m'avoir fait sentir que je leur manquais lorsque j'étais enfermée au fond de mon atelier.

Je n'oublie pas mes parents et particulièrement ma Maman, virtuose de l'aiguille, grâce à laquelle j'ai pu rentrer sans complexe dans le monde merveilleux de la couture.

Merci aussi à Cécile, mon amie avec laquelle je partage la passion des travaux d'aiguilles, pour son écoute, sa patience, ses conseils avisés et son indéfectible soutien. Qu'elle me pardonne pour toutes les fois où je lui ai fait faux-bond.

Encore merci à toutes mes amies, mes copines que j'ai si souvent négligées. Merci de ne m'en avoir jamais tenu rigueur.

Merci enfin à mon éditrice, Emmanuelle Prot et à toute son équipe, pour la confiance qu'elles m'ont témoignée tout au long de cette aventure.